동화로 키우는
문해력 어휘력 발달 프로젝트

초등문해력교사연구회는 현직 초등학교 교사로 구성된 연구 단체입니다.
초등생들의 지적 발달을 이끌고, 학습 능력을 키우는 데 바탕이 되는 문해력을 연구합니다.

문해력 어휘력 발달 프로젝트
문어 2 용기 편
초등문해력교사연구회 **지음** | 박영 **그림**

펴낸날 2023년 9월 6일
펴낸이 김주한 | **책임편집** 한소영 | **책임마케팅** 김민석 | **책임홍보** 옥정연
디자인 아빠해마 김승우 | **인쇄** 이룸프레스
펴낸곳 픽 | **출판등록** 제406-251002015000039호
제조국 대한민국 | **사용연령** 8세 이상
주소 (10881) 경기도 파주시 회동길 471(문발동) 몽스패밀리Bd. 301호·302호

ⓒ 초등문해력교사연구회, 아빠해마, 2023

ISBN 979-11-92182-74-2 64710
ISBN 979-11-92182-72-8 64710(세트)

Peak을 향한 Pick_**픽**은 <잇츠북>의 학습·교양서 브랜드입니다.

동화로 키우는
문해력 어휘력 발달 프로젝트

문어 2

용기 편

초등문해력교사연구회 지음 | 박영 그림

픽

문해력을 키우기 위한 선택

요즘 초등학생 자녀를 둔 부모님이라면 문해력에 대해 고민해 본 적이 있을 것입니다. 또한 시중에 나와 있는 도서 중 어떤 것이 자녀의 문해력을 기르는 데 도움이 될지 살펴보기도 했을 것입니다. 원하는 책을 쉽게 찾을 수 있었나요? 그리고 실제로 도움이 되었나요?

문해력에 관련된 수많은 책이 쏟아져 나왔고, 이 순간에도 출판되고 있습니다. 어떤 책을 선택하든 학생이 성실하게 꾸준히 활용한다면 효과는 있을 것입니다.

하지만 여기서 한번쯤 고민하고 점검해 볼 사항이 있습니다. 아이들이 즐겁게 활동하는지, 효율성은 높은지, 자기 주도적으로 학습할 수 있게 설계되었는지, 책 읽기에 흥미가 높아지는지 등을 말이에요.

배움의 기본이 되는 문해력

문해력에 관련된 책들이 쏟아져 나오는 이유는 무엇일까요? 그만큼 문해력이 아이들의 배움과 직결되기 때문이 아닐까 합니다.

사람의 두뇌는 몰입해서 학습할 때, 깊이 있고 지속적인 배움이 일어납니다. 문해력은 그러한 배움의 기본이 되는 힘이라는 점에서 매우 중요합니다. 기초가 튼튼하지 않으면 작은 균열에도 무너질 수 있기 때문이지요. 『아기 돼지 삼 형제』 이야기를 떠올려 보세요. 기초 재료부터 튼튼해야 어떤 상황에서도 흔들리지 않는 힘이 생깁니다.

유창하게 읽고 쓰는 능력이 다소 부족한 학생들에게는 딱딱하게 지식을 전달하기보다는 흥미 있고 수준에 알맞은 내용의 읽기와 쓰기로 즐거움을 느끼게 해 주는 것이 중요합니다. 부담 없는 분량으로 하루하루 꾸준히 활동하다 보면 문해력은 선물처럼 따라오게 되는 것이지요. 여기서 한 발 나아가 아이가 책 읽기를 즐기게 된다면 지식의 습득 차원을 넘어 마음이 건강한 아이로 성장하게 될 것입니다.

『문어』 특장점

혼자서 책 읽기를 시작하는 학생들이 재미있게 몰입하며 문해력을 기르게 하는 것이『문어』의 기본 목표입니다. 교재의 학습량이 많거나 본문 내용이 딱딱하면 학생들은 부담감을 느낍니다. 이러한 부담감은 몰입의 힘과 학습 동기를 떨어뜨리게 되지요.『문어』는 이 지점에 큰 강점을 지니고 있습니다.

● 공신력 있는 여러 기관, 도서관 등의 추천을 받아 이미 검증된 동화책의 내용을 교재 본문에 활용하여 수준 높은 문학성과 읽기의 재미를 느끼게 합니다.

● 현직 교사들로 구성된 전문 집필진이 학생 수준에 딱 맞는, 부담되지 않는 양의 활동으로 교재를 구성해 학습 몰입도를 최대한 높입니다.

● 교과 성취 기준 제시를 통해 학교 공부에 직접적인 도움을 주므로 아이의 학교 생활에 즐거움을 선물하고 자신감을 쑥쑥 올려 줍니다.

● 동화 본문에 나오는 단어를 그림과 함께 익히고, 따라 쓰고, 간단한 문장으로 만드는 활동을 통해 낱말의 의미를 입체적으로 이해하도록 구성하였습니다. 낱말의 뜻을 상황 속에서 이해하고 문장 만들기 활동으로 발전시키다 보면 보다 높은 학습 효과를 얻을 수 있습니다.

● 일주일마다 한 주간 익힌 낱말들을 즐겁게 복습할 수 있도록 재미있는 놀이 활동을 준비했습니다. 반복 학습을 통한 복습은 학생들이 습득한 문해력을 더욱 발전시켜 줄 것입니다.

문쌤의 한마디

행복한 배움은 행복한 세상을 만드는 좋은 거름입니다.
재미있게 익힌 문해력이 여러분의 미래를 즐겁고 행복하게 만드는 데 도움이 되기를 바라고 힘껏 응원합니다.

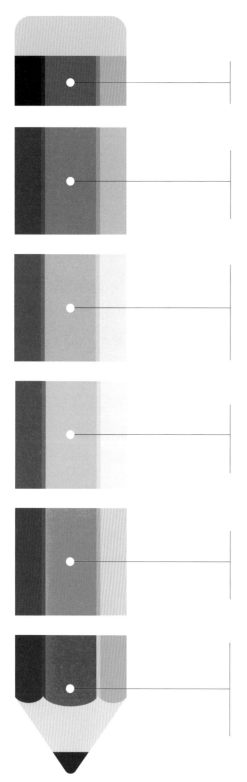

월, 화, 수, 목, 금 5일 동안 부담되지 않을 분량의 학습을 하며 문해력을 키웁니다.

QR코드를 통해 음성 파일을 제공합니다. 성우가 정확한 발음으로 읽어 주는 <오늘의 이야기>를 잘 듣고 따라 읽으면 읽고 쓰기뿐만 아니라 말하기에 도움이 됩니다.

눈으로 읽고, 따라 읽고, 혼자서 읽는 과정을 <읽기 쏙쏙>에서 스스로 체크하며 학습 성취도를 높입니다. <오늘의 이야기>를 제대로 이해했는지 <내용 쏙쏙>에서 문제를 해결하며 확인합니다.

친근한 문어 캐릭터가 낱말의 정확한 뜻을 전달하여 이해력을 확장시킵니다. <낱말 쏙쏙>에서 낱말을 따라 쓰고 또박또박 읽으며 학습 낱말을 집중적으로 연습합니다.

<생활 쏙쏙>에서는 앞에서 읽고 쓰며 배운 낱말과 연관성이 높은 생활 속 낱말을 만화, 미로찾기, 속담 등과 같이 흥미로운 활동으로 익혀 학습 몰입도를 높입니다.

주말에 <복습 마당>의 놀이 활동을 통해 일주일간 배운 내용을 확인합니다. 복습 활동으로 QR코드를 통해 성우가 말하는 낱말을 잘 듣고 혼자 써 보는 <오늘의 받아쓰기>가 있지만, 한글 해득이 충분히 되지 않은 경우라면 활동을 생략하거나 책 한 권이 끝날 때까지 늦춰도 괜찮습니다.

찰칵!

QR 코드 실행

〈오늘의 이야기〉 음성 파일을 제공하여
올바른 읽기 능력과 집중력을 향상시킵니다.

읽기 쏙쏙

〈눈으로 읽기→따라 읽기→혼자 읽기〉
과정을 통해 읽기 연습 과정을 체크하며
자기 주도 학습 능력을 기릅니다.

내용 쏙쏙

문제를 풀며 읽기 내용을 제대로
이해했는지 확인합니다.

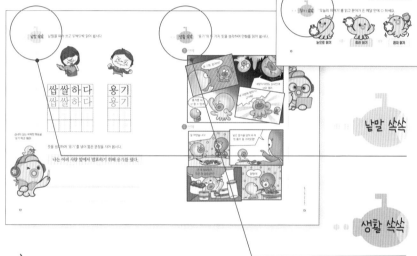

낱말을 또박또박 읽고 따라 쓰면서
맞춤법을 익히고, 학습한 낱말을 넣어
낱말 쏙쏙 짧은 문장 짓기를 하며 문장 감각과
창의력을 키웁니다.

생활 쏙쏙

미로찾기, 만화, 반대말, 유사어, 속담,
헷갈리는 맞춤법 등의 다양한 활동을
통해 생활 속에서 유용하게 쓰일 언어
감각과 사고력을 키웁니다.

찰칵!

QR 코드 실행

〈오늘의 받아쓰기〉 음성 파일을 제공하여
쓰기 능력을 확인합니다.

몸풀이
마당

끝말잇기, 다섯고개, 같은 말로 이어 말하기,
첫말 잇기 등의 다양한 활동으로
낱말을 유추하고 활용하는 능력을 기릅니다.

오늘의
받아쓰기

5일 동안 열심히 배운 낱말들을 잘 듣고
받아쓰며 복습해 확실히 기억합니다.

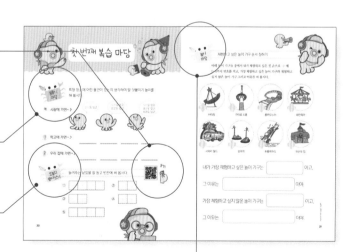

놀이
마당

낱말 퍼즐, 땅따먹기, 십자말풀이 등의
놀이 활동으로 흥미와 학습 자신감을 키웁니다.

일차	학습 낱말	오늘의 이야기	교과 성취 기준	학습 체크
1	쌉쌀하다 용기	내 친구 괴롭히지 마!	2학년 | 읽기에 흥미를 갖고 즐겨 읽는 태도를 지닌다. 2학년 | 쓰기에 흥미를 갖고 자기의 생각이나 느낌을 문장으로 표현한다.	☐
2	동네 정의	정의의 사나이	2학년 | 읽기에 흥미를 갖고 즐겨 읽는 태도를 지닌다. 3학년 | 대상에 대한 자신의 의견과 그렇게 생각한 이유가 드러나게 글을 쓴다.	☐
3	세수 잠꼬대	못생긴 눈, 코, 입	2학년 | 글자와 단어를 바르게 쓴다. 2학년 | 의미가 잘 드러나도록 문장과 짧은 글을 알맞게 띄어 읽는다.	☐
4	걱정 어른대다	도둑이 들어오면 어떡하지?	1학년 | 작품을 듣거나 읽으면서 느끼거나 생각한 점을 말한다. 2학년 | 읽기에 흥미를 갖고 즐겨 읽는 태도를 지닌다.	☐
5	서랍 까다롭다	안 아프게 주사 맞는 약	2학년 | 의미가 잘 드러나도록 문장과 짧은 글을 알맞게 띄어 읽는다. 2학년 | 주변 소재를 정하여 소개하는 글을 쓴다.	☐
복습 마당 1	쌉쌀하다, 동네, 세수, 걱정, 까다롭다		2학년 | 자기의 경험이나 생각을 바른 자세로 발표한다. 2학년 | 말놀이, 낭송 등을 통해 말의 재미와 즐거움을 느낀다.	☐

일차	학습 낱말	오늘의 이야기	교과 성취 기준	학습 체크
6	뾰족하다 소원	딸랑딸랑 종이 울렸어	2학년 | 글자와 단어를 바르게 쓴다. 2학년 | 쓰기에 흥미를 갖고 자기의 생각이나 느낌을 문장으로 표현한다.	☐
7	빼앗다 심판	나는 슈퍼히어로	2학년 | 소리와 표기가 다를 수 있음을 알고 단어를 바르게 읽고 쓴다. 2학년 | 글을 읽고 중심 내용을 확인한다.	☐
8	나아지다 덩달아	더 잘하는 것처럼 보이는 방법	2학년 | 의미가 잘 드러나도록 문장과 짧은 글을 알맞게 띄어 읽는다. 3학년 | 인물과 이야기의 흐름을 중심으로 작품을 감상한다.	☐
9	잃어버리다 어떻게	사라진 옛날 배꼽	2학년 | 글을 읽고 중심 내용을 확인한다. 3학년 | 인물과 이야기의 흐름을 중심으로 작품을 감상한다.	☐
10	안간힘 기어이	30번 채워야 돼	2학년 | 글을 읽고 중심 내용을 확인한다. 3학년 | 바람직한 읽기 습관을 형성하고 읽기에 대한 자신감을 기른다.	☐
복습 마당 2	소원, 빼앗다, 나아지다, 어떻게, 안간힘		2학년 | 말놀이, 낭송 등을 통해 말의 재미와 즐거움을 느낀다. 2학년 | 글자와 단어를 바르게 쓴다.	☐

일 차	학습 낱말	오늘의 이야기	교과 성취 기준	학습 체크
11	충전 부작용	용기 충전소	2학년 | 문장과 문장 부호를 알맞게 쓰고 국어와 한글에 호기심을 가진다. 3학년 | 글의 의미를 파악하며 유창하게 글을 읽는다.	☐
12	얼얼하다 볼록하다	똥배는 용감했다	3학년 | 인물과 이야기의 흐름을 중심으로 작품을 감상한다. 3학년 | 단어와 단어 간의 의미 관계를 파악한다.	☐
13	빛 억울하다	가져갈까? 말까?	2학년 | 인물의 마음이나 생각을 짐작하고 이를 자신과 비교하며 글을 읽는다. 2학년 | 글을 읽고 중심 내용을 확인한다.	☐
14	쥐다 재촉하다	줄넘기 대회	2학년 | 읽기에 흥미를 갖고 즐겨 읽는 태도를 지닌다. 3학년 | 바람직한 읽기 습관을 형성하고 읽기에 대한 자신감을 기른다.	☐
15	요란하다 모처럼	뭐야, 꿈이었잖아?	2학년 | 작품 속 인물의 모습, 행동, 마음을 상상하여 시, 노래, 이야기, 그림 등으로 표현한다. 3학년 | 글의 의미를 파악하며 유창하게 글을 읽는다.	☐
복습 마당 3	부작용, 얼얼하다, 빛, 재촉하다, 모처럼		2학년 | 글자와 단어를 바르게 쓴다. 2학년 | 말놀이, 낭송 등을 통해 말의 재미와 즐거움을 느낀다.	☐
16	가다듬다 속임수	이제 그만 갈까?	2학년 | 소리와 표기가 다를 수 있음을 알고 단어를 바르게 읽고 쓴다. 4학년 | 글의 의미를 파악하며 유창하게 글을 읽는다.	☐
17	흐트러지다 비밀	다시 못생긴 얼굴로	2학년 | 글자와 단어를 바르게 쓴다. 4학년 | 인물과 이야기의 흐름을 중심으로 작품을 감상한다.	☐
18	곤두박질 맴돌다	말할 수 있는 용기	2학년 | 쓰기에 흥미를 갖고 자기의 생각이나 느낌을 문장으로 표현한다. 3학년 | 글의 의미를 파악하며 유창하게 글을 읽는다.	☐
19	양심 없다 엉터리	엄마는 되고 왜 나는 안 돼?	2학년 | 소리와 표기가 다를 수 있음을 알고 단어를 바르게 읽고 쓴다. 4학년 | 글의 의미를 파악하며 유창하게 글을 읽는다.	☐
20	얘기 귀찮다	내 동생 까망이	2학년 | 소리와 표기가 다를 수 있음을 알고 단어를 바르게 읽고 쓴다. 4학년 | 글의 의미를 파악하며 유창하게 글을 읽는다.	☐
복습 마당 4	가다듬다, 비밀, 맴돌다, 엉터리, 얘기		2학년 | 말놀이, 낭송 등을 통해 말의 재미와 즐거움을 느낀다. 2학년 | 글자와 단어를 바르게 쓴다.	☐

오늘의 이야기

내 친구 괴롭히지 마!

#용기 #자신감 #학교생활

"형, 그거 줘. 엄마 생일 선물 살 돈이란 말이야."

강우가 엉엉 울며 형들에게 매달렸어요. 형은 돈을 손에 쥐고 팔을 올렸다 내렸다 하며 강우를 놀렸어요. 용기는 점점 화가 났어요.

"내 친구 괴롭히지 마!"

용기는 더 이상 참지 못하고 소리쳤어요.

'에라, 모르겠다! 어떻게든 되겠지.'

용기는 은종이를 벗겨 껌을 입에 넣었어요. 어금니를 부지런히 놀려 껌을 씹었지요. 입안에 단물이 가득 찼어요. 쌉쌀한 용기 맛도 나고요. 토도독 알갱이들이 입속을 간질였어요. 하지만 몸에 힘이 솟는 느낌은 전혀 없었어요.

'껌아, 뭐 하니? 얼른 용기를 내야지.'

동화 『부풀어 용기 껌』 | 글 정희용 그림 김미연

읽기 쓱쓱　'오늘의 이야기'를 읽고 문어가 든 메달 안에 ○ 하세요.

눈으로 읽기

따라 읽기

혼자 읽기

10

내용 쏙쏙   읽은 내용을 떠올리며 문제를 해결해 봅시다.

1   용기가 화가 난 이유는 무엇인가요? (　　)

　　① 엄마 생일 선물을 살 돈이 부족했기 때문에
　　② 친구 강우가 형들에게 괴롭힘을 당하는 것을 보았기 때문에
　　③ 형들이 강우에게만 관심이 있었기 때문에

약간의 쓴맛이 있는 것을
'쌉쌀하다'라고 표현해요!

2   용기가 먹은 것은 무엇인가요? (　　)

　　① 껌　　　　　② 초콜릿　　　　　② 사탕

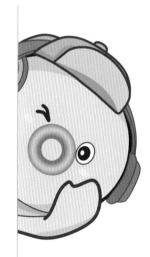

3   '용기 껌'의 맛을 알맞게 선으로 이어 보세요.

　　　　　　　　　　　　　　　• 짠맛

　　　　　　　　　　　　　　　• 신맛

　•

　　　　　　　　　　　　　　　• 쌉쌀한 맛

동화로 키우는 문해력·어휘력 밸런스 프로젝트

11

낱말 쓱쓱 낱말을 따라 쓰고 또박또박 읽어 봅시다.

쌉	쌀	하	다
쌉	쌀	하	다

용	기
용	기

겁내지 않는 씩씩한 마음을
'용기'라고 해요!

뜻을 생각하며 '용기'를 넣어 짧은 문장을 지어 봅시다.

나는 여러 사람 앞에서 발표하기 위해 용기를 냈다.

_____

_____

생활 쏙쏙 '용기'의 두 가지 뜻을 생각하며 만화를 읽어 봅시다.

첫 번째

두 번째

13

동화로 키우는 문해력 어휘력 발달 프로젝트

오늘의 이야기

정의의 사나이

#정의로움 #선행 #우정

밀거나 말거나

"아빠! 텔레비전 소리 너무 시끄러워요!"

참다못해 방문을 열어젖혔다.

"아뵤오오오~!"

"뭐예요?"

"멋지지 않니? 우리 동네에 이소룡이 나타났대!"

"그게 누군데요?"

"전설의 무술인, 정의의~ 사나이!"

"그 사람 싸움 잘해요?"

"최고지!"

"어디 가면 만날 수 있어요?"

"이미 돌아가셨지!"

"그런데 어떻게 우리 동네에 나타났다는 거예요?"

"마치 이소룡처럼 멋진 사나이가 악의 무리를 해치우고는 바람같이 사라진대. 중요한 건 얼굴을 보거나 목소리를 들은 사람이 없다네. 그래도 그 사나이 덕분에 우리 동네가 안전해지고 있다는구나."

동화 『소룡 반점 특별 수련』 | 글 예영희 그림 신민재

읽기 쏙쏙

'오늘의 이야기'를 읽고 문어가 든 메달 안에 ○ 하세요.

눈으로 읽기

따라 읽기

혼자 읽기

내용 쏙쏙   읽은 내용을 떠올리며 문제를 해결해 봅시다.

1   아빠는 무엇을 하고 있었나요? (   )

'정의'는 바른 뜻이나
올바른 생각을 말해요!

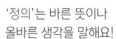

① 텔레비전을 보고 있었다.

② 책을 읽고 있었다.

③ 노래를 부르고 있었다.

2   전설의 무술인 '이소룡'이 최고로 잘하는 것은 무엇인가요? (   )

① 줄넘기
② 싸움
③ 인사

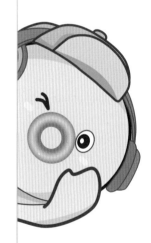

3   사람들이 우리 동네에 나타난 '이소룡'을 정의의 사나이라고
말하는 이유는 무엇일까요? (   )

① 동네 사람들을 괴롭히고 바람같이 사라지기 때문에
② 나쁜 사람들을 해치우고 바람같이 사라지기 때문에

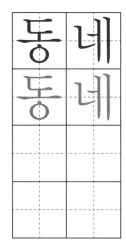 **낱말 쏙쏙** 낱말을 따라 쓰고 또박또박 읽어 봅시다.

동	네
동	네

아뵤~

이소룡

정	의
정	의

사람들이 생활하는 여러 집이 모여 있는 곳을 '동네'라고 해요!
비슷한 단어로 '마을'이 있어요!

뜻을 생각하며 '동네'를 넣어 짧은 문장을 지어 봅시다.

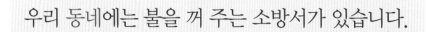

우리 동네에는 불을 꺼 주는 소방서가 있습니다.

16

다음 만화를 읽고 내 생각을 이야기해 봅시다.

*탐관오리 : 백성의 재물을 탐내서 빼앗는 행실 나쁜 관리를 뜻해요.

 가난한 백성들을 위해 못된 탐관오리의 물건을 훔친 홍길동은
정의로운 사람일까요, 아닐까요? 내가 생각하는 것에
◯ 하고 이유를 써 봅시다.

홍길동은 (정의롭다. / 정의롭지 못하다.)

왜냐하면

동화로 키우는 문해력 어휘력 발달 프로젝트

오늘의 이야기

못생긴 눈, 코, 입

#외모 #자존감 #우정

'마음에 안 들어! 얼굴이 이게 뭐냐고, 이게!'

쌍꺼풀 없는 밋밋한 눈, 한껏 벌어진 콧방울, 얼굴에 비해 너무 작은 입, 눈 밑에 모래알처럼 흩어진 주근깨까지……. 마음에 드는 구석이 하나도 없다. 어쩜 이렇게 완벽하게 못생긴 얼굴의 필요조건을 몽땅 갖췄는지. 나는 어깨를 축 늘어뜨린 채 잠옷 바람으로 식탁에 앉았다.

"너 아직 세수도 안 한 거야?"

엄마가 부스스한 내 모습을 보고 야단쳤다.

"어차피 못생긴 얼굴, 세수는 해서 뭐 해?"

"얘가, 얘가. 너 지금 잠꼬대하니?"

차라리 그랬으면 좋겠다. 이게 꿈이고, 내가 지금 잠꼬대하는 거라면. 하지만 매일 아침 거울로 확인하는 내 얼굴은 꿈이 아닌 백 퍼센트 현실이다.

동화 『우리는 바이킹을 탄다』 | 글 홍민정 그림 심윤정

읽기 쓱쓱   '오늘의 이야기'를 읽고 문어가 든 메달 안에 ○ 하세요.

눈으로 읽기

따라 읽기

혼자 읽기

읽은 내용을 떠올리며 문제를 해결해 봅시다.

1 다음 중 주인공의 얼굴 표현으로 알맞지 않은 것을 고르세요. (   )

① 쌍꺼풀 없는 밋밋한 눈

② 한껏 벌어진 콧방울

③ 얼굴에 비해 큰 입

④ 눈 밑에 모래알처럼 흩어진 주근깨

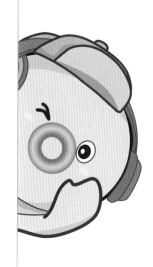

눈, 코, 입 등 얼굴이나 손을 씻는 것을 '세수'라고 해요!

2 주인공은 어떤 옷을 입고 식탁에 앉았나요? (   )

① 한복   ② 잠옷   ③ 교복

3 주인공이 세수를 해서 뭐 하냐고 말한 까닭은 무엇인가요? (   )

① 세수를 하지 않아도 될 정도로 얼굴이 깨끗해서

② 세수를 해도 못생긴 얼굴이 바뀌지 않아서

낱말 쏙쏙 낱말을 따라 쓰고 또박또박 읽어 봅시다.

중얼중얼······.

세	수
세	수

잠	꼬	대
잠	꼬	대

잠을 자면서 자기 자신도 모르게 중얼거리는 말을 '잠꼬대'라고 해요!

뜻을 생각하며 '잠꼬대'를 넣어 짧은 문장을 지어 봅시다.

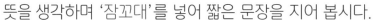

우리 누나는 잠꼬대가 심하다.

'세수'하는 방법에 대해 알아봅시다.

손에 비누칠하기

비누칠한 손으로 눈, 코, 입 등
얼굴 문지르기

깨끗한 물로 여러 번 헹구기

수건으로 얼굴 닦기

오늘의 이야기

도둑이 들어오면 어떡하지?

#형제애 #모험 #가족

집을 나서기 전 아빠가 내게 말했어.

"민율아, 아빠 없는 동안 엄마랑 아기 부탁해."

아빠가 비행기를 타고 다른 나라로 출장을 가게 되었거든.

"네, 걱정 마세요. 저도 이제 2학년이라고요."

아빠가 없는 동안 나는 엄마를 도와서 식탁을 차렸어. 아기에게 우유도 주었지.

밤이 되어 자려고 눕자 집 안이 너무 조용했어. 더럭 무서운 생각이 들었어.

'도둑이 들어오면 어떡하지?'

침대 위로 길게 뻗은 검은 그림자가 왠지 수상했어. 창에 어른대는 나무 그림자가 꼭 사람처럼 보였지. 도둑이 숨어 있는 게 아닐까? 무서워서 꼼짝하기 싫었지만 벌떡 일어나 현관으로 달려갔어. 왜냐하면 아빠가 없는 동안 내가 엄마랑 동생을 지켜야 하니까.

동화 『김마녀 가게』 | 글 박현경 그림 김주경

 읽기 쏙쏙

'오늘의 이야기'를 읽고 문어가 든 메달 안에 ○ 하세요.

눈으로 읽기

따라 읽기

혼자 읽기

22

내용 쏙쏙

읽은 내용을 떠올리며 문제를 해결해 봅시다.

1 민율이는 몇 학년인가요? (　　)

① 1학년
② 2학년
③ 3학년

어떤 사물이 눈에 희미하게 보이다가 말다가 하는 것을 '어른대다'라고 해요!

2 아빠가 없는 동안 민율이가 하지 않은 것을 고르세요. (　　)

① 엄마를 도와 식탁 차리기
② 아기에게 우유 주기
③ 집에 들어온 도둑 잡기

3 민율이는 창에 어른대는 나무 그림자가 무엇처럼 보인다고 했나요?
아래 빈칸에 써 보세요.

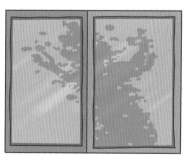

동화로 키우는 문해력 어휘력 발달 프로젝트

낱말 싹싹 낱말을 따라 쓰고 또박또박 읽어 봅시다.

걱	정
걱	정

어	른	대	다
어	른	대	다

'걱정'은 어떤 일이 잘못 될까 봐 불안해하는 마음 을 나타내는 말이에요!

뜻을 생각하며 '걱정'을 넣어 짧은 문장을 지어 봅시다.

민율이는 방학 숙제가 많아서 걱정이다.

걱정을 가져가 주는 걱정 인형에게 건네고 싶은 내 걱정을
적어 봅시다.

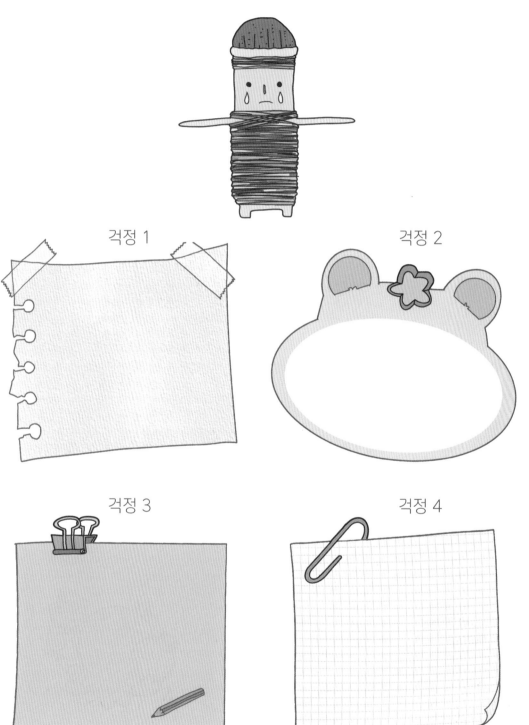

걱정 1

걱정 2

걱정 3

걱정 4

오늘의 이야기

안 아프게 주사 맞는 약

#두려움 #용기 #우정

"그럼 안 아프게 주사 맞는 약은 없을까요? 제가 치과에 가서 철 주사를 맞아야 하거든요."

"물론 있지."

"정말요?"

할머니는 서랍에서 손안에 쏙 들어오는 크기의 상자를 꺼냈어요. 길쭉한 상자인데 중간 부분이 투명한 비닐로 되어 있어서 안에 든 것이 훤히 보이더라고요. 그건 처음 보는, 옥수수 모양 초콜릿이었어요.

"이건 좀 까다로운 약이야. 치과가 다른 병원보다 까다롭다는 건 너도 알지?"

나는 바로 고개를 끄덕였어요. 치과는 다른 병원보다 훨씬 무섭고, 아프고, 주사도 철로 돼 있고…….

"이건 네가 먹을 게 아니라 다른 사람한테 먹여야 해. 그럼 그 사람이 너 대신 치과에서 주사를 맞을 테고, 넌 하나도 안 아프게 치료받게 될 거란다."

동화 『나 대신 아파해 줄 사람』 | 글 이수용 그림 심윤정

읽기 쏙쏙   '오늘의 이야기'를 읽고 문어가 든 메달 안에 ○ 하세요.

눈으로 읽기

따라 읽기

혼자 읽기

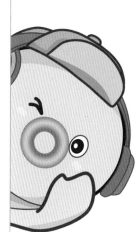

내용 쏙쏙 읽은 내용을 떠올리며 문제를 해결해 봅시다.

어떤 일이나 과정이 복잡하고 어려워 다루기 쉽지 않은 것을 '까다롭다'라고 해요!

1 이야기 주인공이 가야 할 병원은 어디인가요? (   )

① 소아과

② 치과

③ 안과

2 할머니가 서랍 안에서 꺼낸 것은 무엇인가요? (   )

① 철 주사

② 옥수수 모양 초콜릿이 든 상자

③ 비타민

3 할머니는 까다로운 약을 다른 사람에게 먹이면 어떤 일이 일어난다고 했나요? (   )

① 내가 주사를 맞게 된다.

② 내가 아프게 된다.

③ 다른 사람이 주사를 맞게 된다.

동화로 키우는 문해력 어휘력 발달 프로젝트

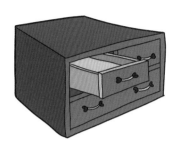 **낱말 쏙쏙** 낱말을 따라 쓰고 또박또박 읽어 봅시다.

서	랍
서	랍

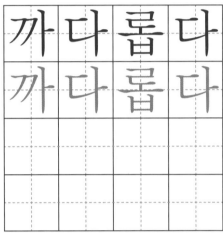

까	다	롭	다
까	다	롭	다

'서랍'은 책상이나 장롱 등에 끼웠다 빼었다 할 수 있도록 만든 뚜껑이 없는 상자를 말해요!

뜻을 생각하며 '서랍'를 넣어 짧은 문장을 지어 봅시다.

할머니는 서랍 속에서 초콜릿을 꺼냈어요.

_____

_____

생활 쓱쓱 지금 나에게 필요한 특별한 약을 떠올려 보고, 그 약을
서랍 속에 그려 봅시다.

나에게 필요한 약 이름	
약의 효능	

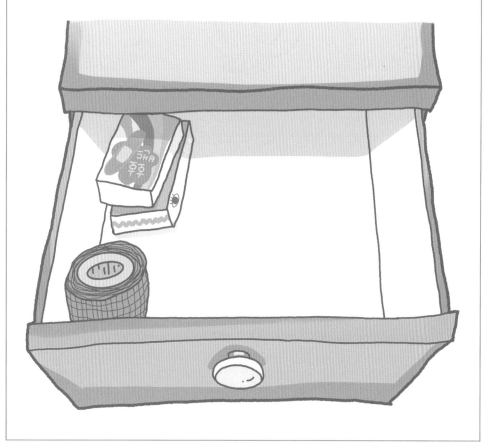

동화로 키우는 문해력 어휘력 발달 프로젝트

첫 번째 복습 마당

몸풀기 마당

특정 장소에 어떤 물건이 있는지 생각하며 말 덧붙이기 놀이를 해 봅시다.

예   시장에 가면~♪

오이도 있고

오이도 있고
생선도 있고

오이도 있고
생선도 있고
사과도 있고

1 학교에 가면~♪

——————— ——————— ——————— ———————

2 우리 집에 가면~♪

——————— ——————— ——————— ———————

오늘의 받아쓰기

들려주는 낱말을 잘 듣고 빈칸에 써 봅시다.

음원 재생 찰칵!

① ☐☐☐☐   ② ☐☐

③ ☐☐   ④ ☐☐

⑤ ☐☐☐☐

30

체험하고 싶은 놀이 기구 순서 정하기

아래 놀이 기구들 중에서 내가 체험하고 싶은 것 순으로 에
1~8까지 번호를 적고, 가장 체험하고 싶은 놀이 기구와 체험하고
싶지 않은 놀이 기구 그리고 이유를 써 봅시다.

바이킹　　　　자이로 드롭　　　　롤러코스터　　　　회전목마

사파리 월드　　　　범퍼카　　　　후룸라이드　　　　귀신의 집

내가 가장 체험하고 싶은 놀이 기구는 　　　　　　 이고,

그 이유는 　　　　　　　　　　　 이야.

가장 체험하고 싶지 않은 놀이 기구는 　　　　　　 이고,

그 이유는 　　　　　　　　　　　 이야.

오늘의 이야기

딸랑딸랑 종이 울렸어

#형제애 #모험 #가족

신기한 물건이라니, 그게 대체 뭘까? 물건을 구경하다 보면 기분이 좀 나아질까?

나는 호기심에 문을 살짝 밀어 보았어.

끼익, 문이 열리면서 나도 모르게 안으로 쑥 빨려 들어갔어.

가게 안은 벽에 그림 액자가 몇 개 걸려 있을 뿐 텅 비어 있었어. 손님도 주인도 보이지 않았지.

바로 그때, 딸랑딸랑 종이 울렸어.

그러자 그림인 줄 알았던 나무 문에서 한 아줌마가 나왔어. 파프리카 모양의 노란 머리에 코는 길고 뾰족했지. 키가 크고 목이 가느다랬어. 목에는 길게 늘어뜨린 구슬 목걸이가 다섯 개도 넘어 보였어.

아줌마는 입을 딱 벌린 채 나를 뚫어지게 쳐다보았어. 그러더니 이렇게 말했어.

"오! 내 소원이 정말 이루어졌네. 꼬마야, 어서 오렴. 환영한다."

동화 『김마녀 가게』 | 글 박현경 그림 김주경

읽기 쏙쏙

'오늘의 이야기'를 읽고 문어가 든 메달 안에 ○ 하세요.

눈으로 읽기

➡

따라 읽기

➡

혼자 읽기

읽은 내용을 떠올리며 문제를 해결해 봅시다.

1 가게 안의 모습으로 알맞은 것을 고르세요. (   )

① 벽에 그림 액자가 몇 개 걸려 있다.
② 주인이 손님과 이야기하고 있다.

2 나무 문을 열고 나온 아줌마, 김마녀의 모습으로 알맞지 않은 것을 고르세요. (   )

① 파프리카 모양의 노란 머리
② 길고 뾰족한 코
③ 작은 키에 굵은 목

끝이 가늘고 날카로운 모양을 '뾰족하다'라고 해요!

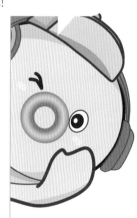

3 오늘의 이야기에서 설명하고 있는 김마녀의 모습을 생각하며 색칠해 보세요.

낱말을 따라 쓰고 또박또박 읽어 봅시다.

뾰	족	하	다
뾰	족	하	다

소	원
소	원

'소원'은 어떤 일이 이루어지기를 바라거나 원하는 것을 말해요!

뜻을 생각하며 '소원'을 넣어 짧은 문장을 지어 봅시다.

내 소원이 정말 이루어졌네!

생활 쏙쏙 이루어지기를 바라는 나의 '소원'을 글로 간단히 적고 가족이나 친구들과 이야기를 나눠 봅시다.

 내가 바라는 소원은

수영을 매우 잘하게 되는 것 입니다.

 내가 바라는 소원은

입니다.

 내 친구 _____ (이)가 바라는 소원은

입니다.

오늘의 이야기

나는 슈퍼히어로

#가족 #사랑 #영웅 #용기

"멍청하고 못된 악당! 꼼짝 마. 더 이상 사람들을 괴롭히지 못할 거야. 너를 물리칠 내가 왔으니까."

나는 팔목에서 거미줄을 쏘아 악당이 가진 무기를 빼앗았다. 악당이 로켓 비행기를 타고 도망친다. 나는 얼른 망토를 펄럭이며 하늘을 날았다.

"내 미사일을 받아라!"

악당이 나에게 마구 미사일을 쏘았다. 하지만 나는 끄떡없다. 내 몸은 강철보다 단단해서 총이든 미사일이든 다 튕겨져 나가니까.

"너는 이제 끝났어. 정의의 심판을 받게 될 거야. 감옥에서 내가 활약한 뉴스나 읽으시지."

나는 로켓 비행기로 날아가 악당을 끌어 냈다. 그리고 눈에서 나오는 레이저 광선 으로 로켓 비행기를 폭파해 버렸다.

나는 사람들이 눈을 한 번 깜빡할 사이에 악당을 꽁꽁 묶었다.

동화 『우리 반에 슈퍼히어로가 있다』 | 글 고수산나 그림 유준재

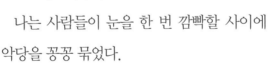

읽기 쏙쏙   '오늘의 이야기'를 읽고 문어가 든 메달 안에 ○ 하세요.

눈으로 읽기

따라 읽기

혼자 읽기

내용 쏙쏙   읽은 내용을 떠올리며 문제를 해결해 봅시다.

1   나는 어떻게 악당의 무기를 없앨 수 있었나요? (   )

① 팔목에서 거미줄을 쏘아 악당의 무기를 빼앗았다.
② 미사일을 쏴 악당의 무기를 폭파시켰다.

남의 것을 억지로 자신의 것으로 만드는 것을 '빼앗다'라고 표현해요!

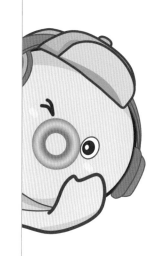

2   악당의 미사일 공격에도 내가 무사할 수 있었던 이유는 무엇인가요? (   )

① 몸이 강철보다 단단해서 미사일을 튕겨 냈기 때문에
② 아주 빠르게 미사일 공격을 모두 피했기 때문에

3   악당으로부터 지구를 지킨 나를 보며 사람들이 어떤 표정을 지었을지 그려 보세요.

동화로 키우는 문해력 어휘력 발달 프로젝트

낱말을 따라 쓰고 또박또박 읽어 봅시다.

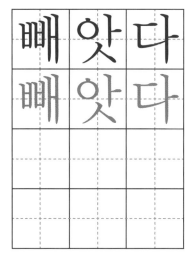

빼	앗	다
빼	앗	다

심	판
심	판

어떤 문제에 대해 잘하고 잘못하고를 가려내는 일을 '심판'이라 표현해요!
'심판'은 운동 경기에서 규칙과 승부를 판정하는 직업을 표현하는 말로도 쓰여요!

뜻을 생각하며 '심판'를 넣어 짧은 문장을 지어 봅시다.

축구 경기에서 반칙을 한 선수에게 심판이 경고를 주었다.

히어로는 정의의 이름으로 악당을 심판했다.

생활 쏙쏙 받침이 뒷말의 첫소리가 되는 낱말을 어떻게 읽는지 알아봅시다.

1 아래의 낱말은 읽을 때 소리가 달라져요. 소리 내어 읽으며
어떻게 달라지는지 생각해 보세요.

하늘을	사람들을	왔으니까

끝났어	눈을

낱말에서 받침 뒤에 'ㅇ'이 오면, 받침을 뒷말의 첫소리로 자연스럽게 바꿔 읽어요!

2 아래의 낱말을 소리 내어 읽고 어떻게 달라지는지 써 보세요.

낱말	읽을 때
하늘을	하느를
사람들을
왔으니까	와쓰니까
끝났어
눈을

오늘의 이야기

더 잘하는 것처럼 보이는 방법

#칭찬
#친구 #행복

"오늘은 모둠별로 노래에 맞춰 춤을 춰 봐요. 그동안 연습 많이 했죠?"

조금씩 틀려도 순서를 외워서인지 다들 그럴듯했어요. 드디어 우리 모둠 차례예요.

최한결은 유독 긴장한 얼굴이었어요. 노래가 시작되고 선생님이 우드블록으로 박자를 맞춰 주었어요.

최한결은 처음보다는 나아졌지만 춤추는 모습이 어딘가 어색했어요. 애들이 키득거리는 소리가 들렸어요. 그러거나 말거나 나는 혼자 신나게 춤을 췄어요.

우리 모둠이 끝나자 아이들은 제일 크게 손뼉을 쳤어요.

"우아."

수호와 유주와 눈이 마주쳤어요. 날 보고 씩 웃는데, 나도 덩달아 웃음이 났어요.

"여러분, 자신감이 중요해요. 뭐든지 자신 있게 하면 더 잘하는 것처럼 보인다니까. 호홍홍."

동화 『암행어사의 비밀 수첩』 | 글 임민영 그림 박영

읽기 쏙쏙   '오늘의 이야기'를 읽고 문어가 든 메달 안에 ○ 하세요.

눈으로 읽기

따라 읽기

혼자 읽기

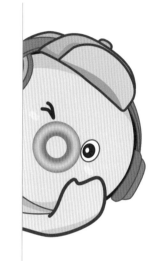

내용 쏙쏙   읽은 내용을 떠올리며 문제를 해결해 봅시다.

1 오늘의 이야기에서 밑줄 친 부분이 의미하는 것은 무엇일까요? (   )

① 제법 훌륭하게 한 것

② 기대보다 못한 것

'나아지다'는 어떤 일이나 상태가 좋아지는 것을 의미해요!

2 최한결이 처음보다 나아진 것은 무엇일까요? (   )

① 노래 부르기   ② 춤추기

3 어떤 것이든 더 잘하는 것처럼 보이려면 무엇이 중요하다고 선생님께서 말씀하셨나요? (   )

① 긴장감

② 자만심

③ 자신감

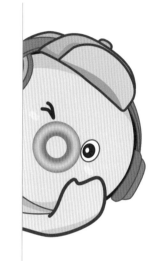

동화로 키우는 문해력 어휘력 방과후 프로젝트

41

낱말을 따라 쓰고 또박또박 읽어 봅시다.

나	아	지	다
나	아	지	다

덩	달	아
덩	달	아

'덩달아'는 얼떨결에 남이 하는 대로 따라 하게 되는 것을 의미해요!

뜻을 생각하며 '덩달아'를 넣어 짧은 문장을 지어 봅시다.

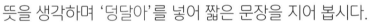

친구가 뛰니 나도 덩달아 같이 뛰었다.

'나아지다'를 활용한 다양한 문장을 살펴보고, 한 달 뒤의 내가
나아지기를 바라는 점을 생각하며 빈칸을 채워 보세요.

기분이 나아지다

문어책으로 열심히 공부했더니
30점이나 올랐어!

성적이 나아지다

건강이 나아지다

이제야 차가
안 막히네.

상황이 나아지다

한 달 뒤의 나는

이/가 나아지면 좋겠다.

그러기 위해 내가 노력할 일은

(이)다.

오늘의 이야기

사라진 옛날 배꼽

#자존감 #용기 #전설

아저씨가 물었다.

"옛날 배꼽 어디 있습니까?"

"잃어버렸어요."

신나게 대답하던 나는 종이처럼 구겨지는 아저씨 표정에 무언가가 잘못됐다는 생각이 들었다. 아저씨가 단호한 말투로 말했다.

"옛날 배꼽 있어야 합니다. 찾아오기 바랍니다."

"찾아도 없어요. 그깟 참외 배꼽으로 뭐 하게요. 쓸모도 없는데."

"마켓 규칙입니다. 새 배꼽 갖고 싶으면 옛날 배꼽 찾아옵니다."

아저씨는 표정 하나 바꾸지 않고 차갑게 말했다.

아저씨 태도에 불안해졌다. 전날처럼 새 배꼽도 얻지 못하고 쫓겨날까 봐 걱정됐다. 아저씨에게 사정했다.

"옛날 배꼽도 없고 새 배꼽도 못 달면 전 어떡해요."

"규칙이라 어쩔 수 없습니다."

아저씨는 흔들리지 않았다. 속상한 마음에 소리쳤다.

"어떻게 살아요! 배꼽 없이!"

동화 『배꼽 전설』 | 글 김명선 그림 안병현

읽기 쏙쏙   '오늘의 이야기'를 읽고 문어가 든 메달 안에 ○ 하세요.

눈으로 읽기

따라 읽기

혼자 읽기

읽은 내용을 떠올리며 문제를 해결해 봅시다.

1 주인공이 잃어버린 것이 아닌 것은 무엇인가요? (   )

① 옛날 배꼽   ② 참외 배꼽   ③ 새 배꼽

'잃어버리다'는 가졌던
물건, 본래의 기능 등이
없어진 것을 의미해요!

2 글 속에서 알 수 있는 마켓의 규칙은 무엇인가요? (   )

① 새 배꼽을 갖고 싶으면 옛날 배꼽을 주는 것
② 옛날 배꼽을 찾고 싶으면 새 배꼽을 주는 것

3 다음 장면에 어울리는 인물들의 표정을 그리고 빈칸에 알맞은
단어를 적어 보세요.

어떻게 살아요!

없이!

규칙이라 어쩔 수 없습니다.

문해력 어휘력 발달 프로젝트

낱말을 따라 쓰고 또박또박 읽어 봅시다.

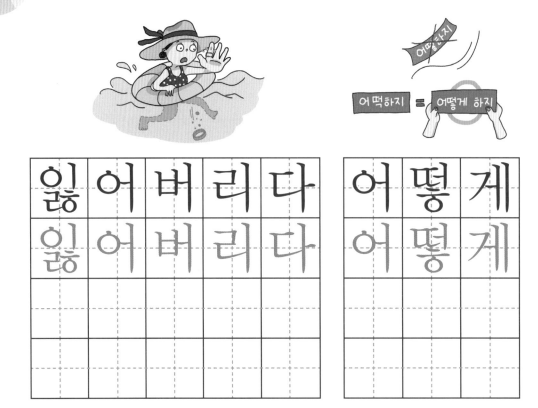

잃	어	버	리	다
잃	어	버	리	다

어	떻	게
어	떻	게

의견, 성질, 형편, 상태 등이
어찌 되어 있는지를 말할 때
'어떻게'를 사용해요!

나에게 없으면 안 되는 것 또는 사라지면 힘이 드는 것에는 무엇이
있을까요? 빈칸에 어울리는 단어를 넣어 나만의 문장을 완성하고,
아랫줄에 문장 전체를 써 봅시다.

어떻게 살아요!   없이!

생활 쏙쏙 다음 만화를 읽고 '잃어버리다'와 '잊어버리다'의 차이를 알아봅시다.

잃어버리다

가졌던 물건이 자신도 모르게
사라져 없어지다.

<비슷한 단어> 분실하다

어? 분명 여기에 있었는데
잃어버렸나 봐.

잊어버리다

기억하지 못하거나
생각해 내지 못하다.

<비슷한 단어> 까먹다

어휴, 방금까지 기억했는데
잊어버렸나 봐.

문제 풀며 한 번 더 쏙쏙! 알맞은 것에 ○ 해 보세요.

① 아침에 우산 챙긴다는 걸 (잃/잊)어버렸네.

② 새로 산 지갑을 어제 (잃/잊)어버려서 속상해.

③ 받아쓰기 연습을 열 번이나 했는데
이걸 (잃/잊)어버리다니!

오늘의 이야기

30번 채워야 돼

#양성평등 #교통안전 #성 역할

　개학을 하루 앞둔 오후, 하민이가 거실에서 윗몸 일으키기를 하고 있어요.

　"스물하나, 스물둘, 스물셋, 스물넷, 스물다섯……."

　하민이 다리를 잡고 있던 아빠가 안간힘을 쓰는 하민이를 보며 말했어요.

　"하민아, 그만해. 이렇게 힘들게 안 해도 돼."

　"아니야. 30번 채워야 돼. 꽉 잡아, 꽉!"

　하민이는 기어이 30번을 채우고서야 거실 바닥에 누운 채 만세를 불렀어요. 잠시 호흡을 가다듬고 방으로 들어간 하민이는 운동 달력 맨 마지막 칸에 동그라미를 그려 넣었어요. 운동 달력은 이번 여름 방학 때 전교생에게 내 준 숙제예요. 운동한 날에 동그라미표를 하고, 운동 이름, 운동 시간이나 횟수를 적는 거예요. 사실 어떤 운동을 얼마만큼 하라고 정해 주지는 않았어요. 하지만 하민이는 윗몸 일으키기 30번을 꼭 지켰어요.

동화 『녹색아버지가 떴다』 | 글 홍민정 그림 김미연

읽기 쏙쏙　'오늘의 이야기'를 읽고 문어가 든 메달 안에 ○ 하세요.

눈으로 읽기

따라 읽기

혼자 읽기

48

내용 쏙쏙 읽은 내용을 떠올리며 문제를 해결해 봅시다.

1 하민이가 안간힘을 쓰며 하던 것은 무엇인가요? (　　)

　　① 줄넘기　　② 윗몸 일으키기　　③ 오래 매달리기

'안간힘'이란 어떤 일을 이루기 위해 몹시 애쓰거나 참는 힘을 뜻해요!

2 하민이의 운동 달력 숙제에 관한 문장을 읽고 빈칸에 맞으면 ○, 틀리면 ×를 해 보세요.

　　① 운동 달력은 하민이의 여름 방학 숙제다. □

　　② 운동 달력은 전교생이 하는 방학 숙제다. □

　　③ 운동 달력 숙제는 어떤 운동을 얼마만큼
　　　 해야 하는지 정해져 있다. □

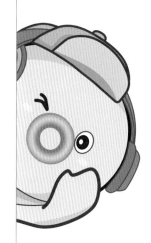

3 다음은 하민이의 운동 달력입니다. 글 속의 장면은 몇 월 며칠에 일어난 일일까요?

8월

13일	14일	15일	16일	17일	18일	19일
윗몸 일으키기 30번	윗몸 일으키기 30번	윗몸 일으키기 30번	윗몸 일으키기 30번	개학		

_____ 월 _____ 일

낱말을 따라 쓰고 또박또박 읽어 봅시다.

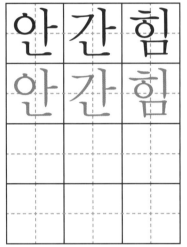

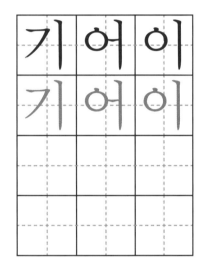

'기어이'는 어떤 상황이든
반드시 해내겠다는 의지가
담긴 표현이에요!

뜻을 생각하며 '기어이'를 넣어 짧은 문장을 지어 봅시다.

어떤 일이 있어도 기어이 우리나라를 지킬 거야.

'안간힘'을 쓸 때의 하민이 마음과 '기어이' 30번을 채웠을 때의 하민이 마음을 생각해 봅시다. 각 상황에 어울리는 감정 단어를 보기에서 찾아 적고, 하민이의 얼굴에 알맞은 표정을 그려 봅시다.

30번 채워야 돼!
꽉 잡아, 꽉!

1) 안간힘을 쓸 때 하민이의 감정: _____

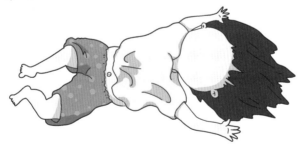

만세!
30번 채웠다!

2) 기어이 30번을 채웠을 때 하민이의 감정: _____

보기 쑥스럽다 / 뿌듯하다 / 어이없다 / 반갑다 / 힘들다

두 번째 복습 마당

다음 초성에 알맞은 놀이를 떠올리며 쿵쿵따 놀이를 해 봅시다.

예 ㅅㅇ 으로 시작하는
    쿵쿵따~♪

수영 쿵쿵따~♪

상어 쿵쿵따~♪

사이 쿵쿵따~♪

1. ㅂ <u> 방 </u> <u>   </u> <u>   </u> <u>   </u>

2. ㄱㅈ <u> 간장 </u> <u>   </u> <u>   </u> <u>   </u>

음원 재생
찰칵!

오늘의
받아쓰기

들려주는 낱말을 잘 듣고 빈칸에 써 봅시다.

① ⬚⬚

② ⬚⬚⬚

③ ⬚⬚⬚⬚

④ ⬚⬚

⑤ ⬚⬚⬚

놀이
마당

운동 달력 만들기

건강한 몸을 위해 30일 동안 내가 실천할 운동의 종류와 시간 또는
횟수를 정하고 나만의 운동 달력을 완성해 봅시다.

내가 30일간 실천할 운동 :

하루에 실천할 시간 또는 횟수 :

도전 30일!

[   ]의

운동 달력

성공한 날엔 나만의 방법으로
달력에 표시를 해 보세요.

● ★ ♥

몸이 건강해야
마음도 건강해져요.

1일차	2일차	3일차	4일차	5일차

6일차	7일차	8일차	9일차	10일차

11일차	12일차	13일차	14일차	15일차

16일차	17일차	18일차	19일차	20일차

21일차	22일차	23일차	24일차	25일차

26일차	27일차	28일차	29일차	30일차

동화로 키우는 문해력 어휘력 발달 프로젝트

53

오늘의 이야기

용기 충전소

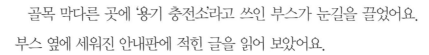

#자신감 #자존감 #용기

골목 막다른 곳에 '용기 충전소'라고 쓰인 부스가 눈길을 끌었어요. 부스 옆에 세워진 안내판에 적힌 글을 읽어 보았어요.

공짜로 용기를 드립니다. 당장 충전하세요!

'용기를 충전할 수 있다고? 말도 안 돼!'
나는 믿기지 않아서 그냥 돌아서려 했어요.
그러다 번뜩, 이런 생각이 들었어요.
'혹시 모르잖아? 그리고 만약 진짜로 용기
를 충전할 수 있다면, 오늘 말하기 대회는 문제없겠는걸!'

기계를 위아래로 살펴봤어요. 방법을 알아야 충전할 테니까요. 그러다 화면 아래에 조그맣게 써진 글자가 눈에 들어왔어요.

주의! 부작용은 책임지지 않습니다.

더럭 겁이 나기도 하고, 걱정스럽기도 해서 머뭇거렸어요. 그런 내 마음을 알아챈 걸까요? 갑자기 화면이 환해지더니 낭랑한 누나 목소리가 흘러나오지 뭐예요.

"충전할 용기를 선택하세요."

동화 『용기 충전소』 | 글 선시야 그림 정용환

 읽기 쏙쏙 '오늘의 이야기'를 읽고 문어가 든 메달 안에 ○ 하세요.

눈으로 읽기

따라 읽기

혼자 읽기

내용 쏙쏙 읽은 내용을 떠올리며 문제를 해결해 봅시다.

1 용기를 충전할 수 있는 가격은 얼마인가요? ( )

① 공짜   ② 천 원   ③ 백 원

'충전'은 빈 곳을 메워서 채우는 것을 뜻해요!
교통 카드와 같은 결제 수단을 사용할 수 있게 돈을 채울 때 쓰는 표현이기도 해요!

2 주인공은 무엇 때문에 용기를 충전하고 싶어 하나요? ( )

① 말하기 대회에서 자신감 있게 말하고 싶기 때문에
② 좋아하는 친구에게 고백을 하고 싶기 때문에

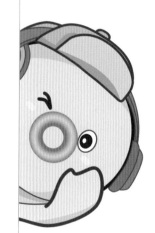

3 만약 나라면 어떤 선택을 했을까요? 내가 충전하고 싶은 것에
∨ 표시를 해 보세요.

충전할 용기를 선택하세요.

발표왕   운동왕   싸움왕   고백왕

낱말 쓱쓱 낱말을 따라 쓰고 또박또박 읽어 봅시다.

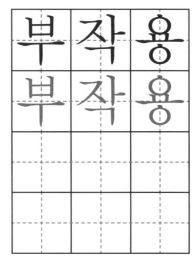

예상한 것과 달리 좋지 않은 결과가 부수적으로 나타나는 것을 '부작용'이라 표현해요!

용기 충전소에서 용기를 충전하면 어떤 '부작용'이 생기게 될지 상상해 써 봅시다.

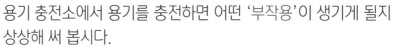

용기 충전소에서 용기를 충전하면
개미처럼 작아지는 부작용이 생길 것 같아요.

다양한 문장 부호를 살펴보고 쓰임새를 알아봅시다.

문장 부호	이름	쓰임새
.	마침표	문장의 끝을 나타낼 때 사용해요.
,	쉼표	이름이나 물건을 여러 개 늘어놓을 때 또는 사람을 부르거나 대답할 때 사용해요.
?	물음표	궁금하거나 물어볼 때 사용해요
!	느낌표	놀라는 등 강한 느낌을 나타낼 때 써요.
" "	큰따옴표	대화하는 부분에 사용해요.
' '	작은따옴표	생각이나 속마음을 나타낼 때 사용해요.

다음 문장에 알맞은 문장 부호를 써 봅시다.

● 나는 믿기지 않아서 그냥 돌아서려 했어요 ☐

● ☐ '용기를 충전할 수 있다고 ☐ 말도 안 돼 ☐ '

● 낭랑한 누나 목소리가 흘러나오지 뭐예요.
☐ 충전할 용기를 선택하세요. ☐

오늘의 이야기
똥배는 용감했다

#존중 #긍정 #약속 #우정

"오호, 너 되게 귀엽다."

노랑머리 오빠가 손가락으로 내 이마를 톡 건드렸다. 살짝 건드리기만 했는데 이마가 얼얼했다. 마음과는 달리 다리가 부들부들 떨렸다.

"왜…… 왜 그래요?"

나도 모르게 울먹이는 소리가 나왔다. 그때 갑자기 똥배가 내 앞을 가로막았다.

"우리 숙제하는 거예요. 그러니 형은 상관 마요."

"어쭈, 이게 형을 갖고 노네. 놀이터에서 셀카 찍는 숙제도 있냐?"

"진짜예요. 그렇게 사람 말을 못 믿어요?"

똥배가 다시 용감하게 대들었다. 뭘 모르는 건지 겁이 없는 건지 도통 모르겠다. 눈치가 없으면 배짱이 두둑해지나 보다.

"보자 보자 하니까 요게 아주 버릇이 없네."

노랑머리가 볼록한 똥배를 주먹으로 퍽 때렸다.

똥배가 배를 움켜쥐며 얼굴을 찡그렸다.

'아, 이럴 땐 어떻게 하지? 잘못하면 똥배가 실컷 두들겨 맞을 텐데…….'

동화 『우정 계약서』 | 글 원유순 그림 주미

읽기 쏙쏙   '오늘의 이야기'를 읽고 문어가 든 메달 안에 ○ 하세요.

눈으로 읽기

따라 읽기

혼자 읽기

내용 쏙쏙   읽은 내용을 떠올리며 문제를 해결해 봅시다.

1 주인공의 신체 부위 중 얼얼한 느낌이 든 곳은 어디인가요? (   )

① 이마   ② 콧등   ③ 뺨

'얼얼하다'는 다치거나 상처가 생겨 아린 느낌이 나는 것을 뜻해요!

2 주인공과 똥배가 노랑머리 오빠를 만나기 전에 하고 있던 일은 무엇일까요? (   )

     ① 도서관에서 숙제하기
     ② 놀이터에서 셀카 찍기

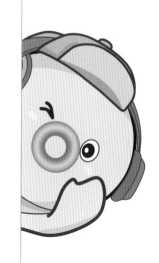

3 다음 장면에서 주인공의 마음을 상상하여 어울리는 표정을 그려 보세요.

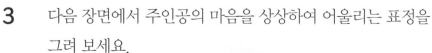

우리 숙제하는 거예요.
형은 상관 마요.

어쭈, 이게 형을 갖고 노네.

동화로 키우는 문해력 어휘력 발달 프로젝트

낱말을 따라 쓰고 또박또박 읽어 봅시다.

얼	얼	하	다
얼	얼	하	다

볼	록	하	다
볼	록	하	다

'볼록하다'는 겉이 쏙 튀어나와 도드라지는 모양을 뜻해요!

뜻을 생각하며 '볼록하다'를 넣어 짧은 문장을 지어 봅시다.

사탕을 너무 많이 넣어 내 바지 주머니가 볼록하다.

_____

_____

모양을 나타내는 낱말의 의미를 생각하고, 적합한 의미와
활용할 수 있는 문장에 알맞게 이어 봅시다.

볼록하다	오목하다	평평하다

바닥이 고르고
판판한 상태

어떤 것의 겉 부분이
도드라지거나
쏙 내밀린 상태

가운데가
동그스름하게 폭 패거나
들어가 있는 상태

동생이 저녁을 많이
먹어서 배가

얼굴에 있는 보조개는
말하거나 웃을 때

공놀이를 하기 좋도록
땅을 고르게 만들어
운동장이

?   ?   ?

오늘의 이야기

가져갈까? 말까?

#인내심 #정직 #자기 주도성

수업이 끝나자마자 빛의 속도로 집으로 달려갔다. 오도호는 유치원에서 아직 돌아오지 않았다. 마음이 급해서 가만히 기다릴 수가 없었다. 나는 오도호 책상 서랍을 열어 오백 원을 꺼내려다 멈칫했다. 아무래도 말을 하고 가져가는 게 나을 것 같았다. 오도호는 말도 안 하고 자기 물건을 만지는 걸 세상에서 제일 싫어한다.

'왜 이렇게 안 오는 거야?'

나는 아예 현관문을 열어 놓고 오도호를 기다렸다. 백 년 정도 기다린 것 같은 기분이 들었을 때 엘리베이터 문이 열리면서 오도호와 엄마가 내렸다. 오도호는 울고 있었다.

"아이들이 나보고 거짓말쟁이래. 억울해."

엄마가 오도호의 어깨를 토닥여 주었다.

울고 있는 오도호에게 오백 원만 달라는 소리가 나오지 않았다. 아까 그냥 몰래 가지고 갈 걸 그랬나, 후회가 밀려들었지만 곧 마음을 고쳐먹었다.

'아니야, 그럼 나중에 오도호가 더 화를 낼 거야.'

동화 『잘 싸우는 기술』 | 글 박현숙 그림 조히

읽기 쏙쏙 '오늘의 이야기'를 읽고 문어가 든 메달 안에 ○ 하세요.

눈으로 읽기 ▶ 따라 읽기 ▶ 혼자 읽기

읽은 내용을 떠올리며 문제를 해결해 봅시다.

1 '빛의 속도'는 어떤 빠르기를 의미하는 것일까요? (   )

① 아주 느린 속도로 걸어가는 것

② 아주 빠른 속도로 뛰어가는 것

'빛'은 물체를 볼 수 있도록 하는 일종의 전자기파예요! '빛'은 1초에 지구 7바퀴 반을 돌 수 있어요!

2 내가 동생인 오도호에게 빌리고 싶은 것은 무엇인가요? (   )

① 지우개   ② 오백 원   ③ 천 원

3 만약 내가 주인공이라면 어떻게 행동했을까요? 내 생각과 가까운 쪽에 ○ 하세요.

동생 도호가 오백 원을 안 줄 수도 있으니 몰래 가지고 간다.

동생에게 솔직하게 오백 원을 빌려 달라고 이야기해 본다.

동화로 키우는 문해력 어휘력 발달 프로젝트

낱말을 따라 쓰고 또박또박 읽어 봅시다.

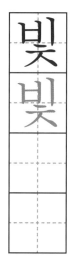

빛
빛

억	울	하	다
억	울	하	다

아무 잘못 없이 꾸중을 듣거
나 벌을 받거니 하여 답답한
상태를 '억울하다'라고 해요!

뜻을 생각하며 '억울하다'를 넣어 짧은 문장을 지어 봅시다.

친구들이 거짓말쟁이라고 놀려 도호는 너무 억울하다.

_____

_____

받침이 바뀌며 의미가 달라지는 낱말을 알아봅시다.

빗	빛

 '빗'과 '빛'의 의미를 구분하며 괄호 안에 알맞은 글자를 넣어 문장을 완성해 봅시다.

● (　　　　)으로 머리를 빗었다.

● 어둠 속에서 별이 (　　　　)났다.

● 커튼을 치니 햇(　　　　)이 방으로 들어왔다.

● 나는 항상 아침에 머리(　　　　)을 사용한다.

오늘의 이야기

줄넘기 대회

#승부욕 #운동 정신 #끈기

호로로! 호루라기 소리와 함께 줄넘기 대회가 시작되었어요.

드디어 훈이네 모둠 차례가 되었어요. 아이들은 크게 심호흡을 하고 감독 선생님 앞에 섰어요.

민주, 예지, 우섭이가 동시에 줄넘기를 시작했어요. 훈이는 고개를 돌려 친구들을 보았어요. 다행히 모두들 연습 때보다 몸이 가벼워 보였어요.

이제 훈이만 시작하면 돼요. 훈이는 줄넘기를 꽉 쥐었어요. 그런데 갑자기 다리가 나무토막처럼 단단해지는 느낌이 들었어요.

'어, 다리가 왜 이러지?'

"자, 얼른 시작하세요."

감독 선생님이 훈이 얼굴을 보며 재촉했어요. 훈이는 다시 한번 심호흡을 하고 힘껏 발을 굴렀어요. 겨우 발을 뗐지만 쇠붙이를 단 것처럼 무거웠어요.

'하나, 둘, 셋……'

일곱 개째를 뛰었을 때 갑자기 왼쪽 다리에 힘이 풀리면서 줄이 발에 걸렸어요.

동화 『지고는 못 살아!』 | 글 홍민정 그림 정경아

 '오늘의 이야기'를 읽고 문어가 든 메달 안에 ○ 하세요.

눈으로 읽기

따라 읽기

혼자 읽기

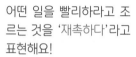

내용 쏙쏙 읽은 내용을 떠올리며 문제를 해결해 봅시다.

1 훈이네 학교에서는 어떤 대회가 열렸나요? (　　)

① 줄넘기　　　　② 달리기　　　　③ 줄다리기

어떤 일을 빨리하라고 조르는 것을 '재촉하다'라고 표현해요!

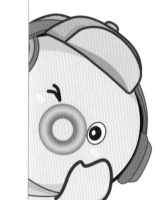

2 훈이가 몇 개째 뛰었을 때 줄넘기가 발에 걸렸나요? (　　)

① 일곱 개째　　　② 열 개째　　　③ 다섯 개째

3 감독 선생님이 훈이에게 빨리 줄넘기를 시작하라며 재촉했을 때 훈이가 어떤 마음이었을지 상상하여 표정을 그려 보세요.

낱말을 따라 쓰고 또박또박 읽어 봅시다.

쥐	다
쥐	다

재	촉	하	다
재	촉	하	다

손가락을 다 오므려 겹친 모양을 '쥐다'라고 해요!
가위바위보에서 '주먹'의 모양과 같아요!

다양한 손의 모양을 살펴보고 꽉 쥔 손을 모두 찾아 ○ 해 보세요.

68

'몸이 무겁다'의 뜻을 생각하며 만화를 읽어 봅시다.

오늘의 이야기

뭐야, 꿈이었잖아?

#비밀 #우정 #용기

"쉿! 이건 비밀인데 나 사실……."

한쪽 입술을 당겨 올리며 내 뾰족한 송곳니를 보여 주자 '덩치' 상철이가 철퍼덕 주저앉았다. 그러더니 슬금슬금 엉덩이로 바닥을 밀며 뒷걸음질을 쳤다. 가만히 보니 바지가 축축하게 젖어 있었다.

"자식, 그런다고 오줌을 싸냐? 덩치가 아깝다, 흐흐흐."

나는 팔짱을 끼고 쫀드기를 질겅거렸다. 상철이의 얼굴이 하얘졌다. 상철이는 나를 땅꼬마라 놀리며 괴롭히는 녀석이다.

"으하하하……."

머리 위로 박쥐들이 요란하게 날아올랐다. 다시 솟구쳐 하늘로 날아가려는데 자꾸만 몸이 아래로 내려갔다.

"어, 왜 이러지?"

부지런히 망토를 휘저었다. 하지만 망토는 점점 무거워졌다. 숨이 턱 막힐 것 같아 눈을 번쩍 떴다. 온몸에 이불이 칭칭 감겨 있었다.

"에이, 뭐야? 꿈이었잖아."

모처럼 상철이를 혼내 주었는데, 꿈이라니…….

동화 『비밀 레스토랑 브란』 | 글 박선화 그림 안병현

 읽기 쏙쏙 '오늘의 이야기'를 읽고 문어가 든 메달 안에 ○ 하세요.

눈으로 읽기

따라 읽기

혼자 읽기

70

읽은 내용을 떠올리며 문제를 해결해 봅시다.

1 상철이가 오줌을 싼 이유는 무엇인가요? (   )

　① 물을 많이 마셔서

　② 내 뾰족한 송곳니를 보고 무서워서

　③ 오줌을 가릴 줄 몰라서

시끄럽고 떠들썩한 것을
'요란하다'라고 해요!

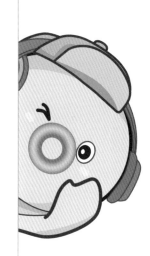

2 숨이 턱 막힐 것 같아 눈을 번쩍 뜨니 온몸이 무엇에 칭칭 감겨
있었나요? (   )

　① 망토　　　　　② 이불　　　　　③ 밧줄

3 주인공 머리 위로 박쥐들이 요란하게 날아오르는 그림을
그려 보세요.

낱말 쏙쏙 낱말을 따라 쓰고 또박또박 읽어 봅시다.

요	란	하	다
요	란	하	다

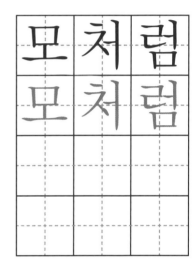

모	처	럼
모	처	럼

'모처럼'은 일부러 별러서 마음을 먹거나 애써서 오래간만에 무엇을 할 때 사용하는 말이에요!

뜻을 생각하며 '모처럼'을 넣어 짧은 문장을 지어 봅시다.

상철이는 모처럼 가족들과 영화를 보러 갔다.

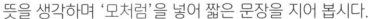

72

'숨이 턱 막힐 것 같아'의 뜻을 생각하며 만화를 읽어 봅시다.

동화로 키우는 문해력·어휘력 빵일 프로젝트

세 번째 복습 마당

주어진 낱말의 특징을 떠올리며 비슷한 이미지를 떠올려서 말을
이어 가는 꽁지 따기 말놀이를 해 봅시다.

예   사과는 빨개~♪

빨가면
고추

고추는
길어

길면
기차

1   기차는

_____ _____ _____

2   강아지는

_____ _____ _____

음원 재생
찰칵!

들려주는 낱말을 잘 듣고 빈칸에 써 봅시다.

①    ②

③    ④

⑤

74

우연히 '용기 충전소'를 발견한다면 여러분은 어떤
용기를 충전하고 싶나요? 안내판을 읽어 본 뒤
나만의 용기를 충전해 봅시다.

오늘의 이야기

이제 그만 갈까?

#정의로움 #선행 #우정

"엄마, 나 이제 소룡 반점 그만 갈까?"

"내 그럴 줄 알았다. 양파 까기만 계속 시킨다면 관둬라, 그만둬."

이유는 묻지도 않고 자기 하고 싶은 말만 하는 분이 우리 엄마다.

"그런 거 아니라고. 엄마는 알지도 못하면서!"

아침마다 약수터에서 "야호!"를 외치며 가다듬은 목청을 이런 상황에서 써먹게 될 줄이야.

"간다, 안 간다, 간다, 안 간다, 간다, 으악!"

엄마 몰래 화분에서 잎을 몇 개나 땄다.

"학 그림이면 간다. 숫자면 안 간다. 하나, 둘, 셋!"

오백 원짜리 동전 뒤집기도 몇 번을 했는지 모른다. 그런데 매번 던져서 나온 동전에는 학이 유유히 날고 있었다.

엄마에게 아파서 못 간다고 전화해 달라고 할까?

『최강의 파이터가 되는 속임수 전략』, 하필 책꽂이에 두었던 책에 눈길이 갔다. 사부님이 저 책을 봤다면 뭐라고 하셨을까?

"최강의 파이터는 속임수를 쓰지 않아!"

사부님의 목소리가 생생하게 들리는 것만 같았다.

동화 『소룡 반점 특별 수련』 | 글 예영희 그림 신민재

읽기 쏙쏙 '오늘의 이야기'를 읽고 문어가 든 메달 안에 ○ 하세요.

눈으로 읽기

따라 읽기

혼자 읽기

읽은 내용을 떠올리며 문제를 해결해 봅시다.

1 주인공은 무엇을 고민하고 있나요? ( )

① 소룡 반점에 그만 가는 것

② 양파 까기를 그만두는 것

③ 엄마와 조용히 대화하는 것

'가다듬다'란 무언가를 바르게 정돈하거나 가지런하고 고르게 만드는 것을 의미해요!

'목청을 가다듬다'는 목소리를 뚜렷하게 내기 위해 헛기침을 하거나 소리 내어 보는 등의 행동을 말해요!

2 주인공이 고민하며 한 행동이 아닌 것은 무엇인가요? ( )

① 화분에서 잎 따기

② 동전 뒤집기

③ 엄마에게 전화해 달라 부탁하기

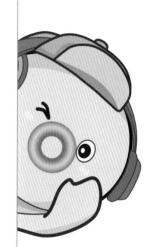

3 다음 밑줄에 해당하는 내용을 찾아 ○ 해 보세요.

> 아침마다 약수터에서 "야호!"를 외치며
> 가다듬은 목청을 <u>이런 상황</u>에서 써먹게 될 줄이야.

1. 양파 까기 수련을 하는 상황 ⎯⎯⎯⎯ □

2. 약수터에서 사부님께 전화하는 상황 ⎯⎯⎯ □

3. 엄마의 말에 아니라고 반박하는 상황 ⎯⎯⎯ □

낱말 쏙쏙 낱말을 따라 쓰고 또박또박 읽어 봅시다.

가	다	듬	다
가	다	듬	다

속	임	수
속	임	수

'속임수'란 남을 속이는 짓을 의미해요!

뜻을 생각하며 '속임수'를 넣어 짧은 문장을 지어 봅시다.

동화에서 여우는 두루미에게 속임수를 썼다.

_____

_____

78

생활 쏙쏙 화폐 단위 '원'의 띄어쓰기에 대해 알아봅시다.

맞아요

오백 원

천 원

2만 원

틀려요

오백원

천원

2만원

단, 아라비아 숫자와 함께 쓰는 경우에는
붙여 써요.
예를 들어, 7백 원은 띄어 써야 하고
700원은 붙여 쓴답니다!
[예시] 2백 원, 200원 / 5천 원, 5000원

 문제 풀며 한 번 더 쏙쏙! 알맞은 것에 ◯를 해 봅시다.

① 나는 세뱃돈으로 (2만 원/2만원)을 받았어.

② 연필의 가격은 (팔백 원/팔백원)이야.

③ 벌금으로 (오백만 원/오백만원)이 확정되었어.

79

오늘의 이야기

다시 못생긴 얼굴로

#외모 #자존감 #우정

"엉엉엉."

갑자기 울음이 터져 나왔다. 마법의 머리띠가 벗겨지자 나는 다시 못생긴 이수민이 되었다.

아름이가 옷소매로 내 얼굴을 닦아 주었다.

"어이구, 더러워."

나는 손바닥으로 이마를 훔쳤다. 머리띠가 벗겨지면서 흐트러진 머리카락이 이마에 달라붙었다.

"너 지금 엄청 못생겼어."

아름이가 킥킥대며 말했다. 나도 안다.

"넌 뭐 예쁜 줄 알아?"

"누가 그렇대? 그래도 난 상관없어. 내 꿈은 이 세상에 있는 맛있는 음식을 다 먹어 보는 거야. 그리고 그것보다 더 맛있는 음식을 만드는 요리사가 되는 거지."

아름이가 놀림을 당해도 씩씩할 수 있었던 비밀이 어쩌면 이것일지도 모른다.

동화 『우리는 바이킹을 탄다』 | 글 홍민정 그림 심윤정

읽기 쓱쓱   '오늘의 이야기'를 읽고 문어가 든 메달 안에 ○ 하세요.

눈으로 읽기

따라 읽기

혼자 읽기

1 수민이가 다시 못생긴 얼굴로 변한 까닭은 무엇인가요? (   )

① 엉엉 울어서

② 마법의 머리띠가 벗겨져서

③ 세수를 하지 않아서

여러 가닥으로 흩어져 이리저
리 얽힌 것을 '흐트러지다'라고
표현해요!

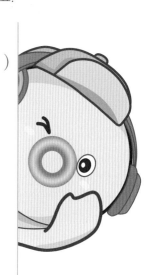

2 머리띠가 벗겨지면서 흐트러진 머리카락이 어디에 붙었나요? (   )

① 입술   ② 이마   ③ 뺨

3 아름이의 꿈은 무엇이 되는 것인가요? (   )

① 미용사   ② 요리사

동화로 키우는 문해력 어휘력 발달 프로젝트

낱말을 따라 쓰고 또박또박 읽어 봅시다.

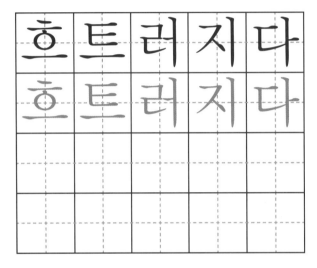

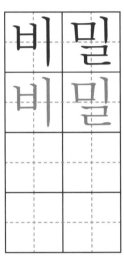

흐	트	러	지	다
흐	트	러	지	다

비	밀
비	밀

어떤 일이나 사실을 다른 사람에게 알리지 않고 숨기는 것을 '비밀'이라고 해요!

뜻을 생각하며 '비밀'을 넣어 짧은 문장을 지어 봅시다.

이건 아무에게도 말하면 안 되는 비밀이야.

_____

82

'비밀'의 뜻을 생각하며 만화를 읽어 봅시다.

이거 내 비밀인데 정말 아무한테도 말하면 안 돼.

알았어. 비밀 꼭 지킬게.

이거 진짜 비밀인데 아무한테도 말하지 마.

당연하지. 비밀 지킬게.

이거 다른 친구에게 절대 말하면 안 되는 비밀인데…… 속닥속닥!

엥?

뭐야, 이건 내 비밀이잖아!

동화로 키우는 문해력 어휘력 발딱 프로젝트

음원 재생 찰칵!

오늘의 이야기

말할 수 있는 용기

#초능력 #헌신 #우정

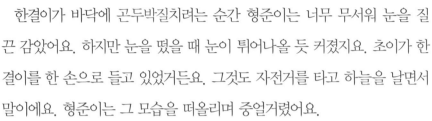

한결이가 바닥에 곤두박질치려는 순간 형준이는 너무 무서워 눈을 질끈 감았어요. 하지만 눈을 떴을 때 눈이 튀어나올 듯 커졌지요. 초이가 한결이를 한 손으로 들고 있었거든요. 그것도 자전거를 타고 하늘을 날면서 말이에요. 형준이는 그 모습을 떠올리며 중얼거렸어요.

"초이는 역시 초능력자였어."

초이가 어깨를 으쓱하고는 입을 열었어요.

"음…… 지구를 지키지는 못하지만 친구를 지킬 정도는 되지."

그러고는 얼이 빠져 있는 한결이를 향해 말을 이었어요.

"그나저나 다행이야. 내가 바로 어제 『초능력 사용법 7권: 중력 무시하기』를 마스터했거든. 아니었으면 한결이 너를 구하지 못했을 거야. 떨어지는 널 받는 순간, 네 몸에 눌려 완전히 찌부러지고 말았을 테니까."

한결이는 고맙다는 말을 하고 싶었어요. 의심해서, 괴롭혀서 미안하다는 말도 함께요. 하지만 그런 말을 해 본 적이 한 번도 없었기 때문에 말은 입안에서만 맴돌고 밖으로 나오질 못했지요.

동화 『초능력 사용법』 | 글 김경미 그림 김준영

읽기 쏙쏙 '오늘의 이야기'를 읽고 문어가 든 메달 안에 ○ 하세요.

눈으로 읽기

따라 읽기

혼자 읽기

내용 쏙쏙 읽은 내용을 떠올리며 문제를 해결해 봅시다.

'곤두박질'은 갑자기 거꾸로 떨어지거나 내리박히는 것을 의미해요!

1 각 빈칸에 들어갈 인물을 알맞게 선택해 ◯ 해 보세요.

| 한결이 |
| 형준이 | 가 바닥에 곤두박질치려는 순간,
| 초이 |

| 한결이 |
| 형준이 | 가 구해 냈다.
| 초이 |

2 형준이가 눈을 질끈 감았다 떴을 때 목격한 장면으로 알맞은 것에 ◯ 해 보세요.

3 초이가 다행이라고 말한 까닭은 무엇인가요? ( )

① 어제 마스터한 책이 친구를 구하는 데 도움이 됐기 때문에

② 자신의 초능력이 거짓말이 아니라는 걸 보여 줬기 때문에

동화로 키우는 문해력·어휘력 발달 프로젝트

85

낱말을 따라 쓰고 또박또박 읽어 봅시다.

곤	두	박	질
곤	두	박	질

맴	돌	다
맴	돌	다

'맴돌다'는 일정한 장소에서 되풀이하여 움직이거나 어떤 대상의 주변을 빙빙 도는 모습을 뜻해요!

뜻을 생각하며 '맴돌다'를 넣어 짧은 문장을 지어 봅시다.

소년이 자전거를 타고 학교 운동장을 맴돌았다.

_____

_____

생활 쓱쓱 입안에서만 맴돌아 밖으로 꺼내지 못했던 말이 있나요? 누군가에게 말을 전하지 못해 아쉬웠던 경험을 떠올려 봅시다. 그리고 아래 대나무 숲의 말풍선에 그때 전하고 싶었던 말을 적어 봅시다.

오늘의 이야기

엄마는 되고 왜 나는 안 돼?

#약속 #성실

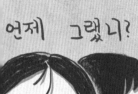

언제 그랬니?

"엄마는 왜 자꾸 사 준다고 약속만 하고 안 지켜?"

나래의 말에 엄마 표정이 굳었어요.

"엄마가 언제 약속을 안 지켰다는 거야? 말은 똑바로 해야지. 네가 숙제를 대충했잖아. 대충 개수만 채워 놓고 엄마한테 약속을 지키라고 하면 너무 양심 없는 거 아니니?"

나래는 할 말이 없어서 한숨만 내쉬었어요. 엄마 말이 맞기는 하니까요. 클레이 받을 욕심에 숙제를 대충 한 건 맞거든요.

"그래도 열 개 쓴 건 맞잖아."

"제대로 열 개를 써야 사 준다고 약속한 거지. 엉터리로 한 건 무효야."

엄마한테 통할 리 없겠지만 아쉽고 속상한 마음에 나래는 독서 기록장에 활동지 열 개 쓴 걸 강조했어요. 하지만 엄마는 눈 하나 깜짝하지 않았어요. 독서 활동지 열 개 쓰면 엄마가 클레이 세트를 사 주기로 약속했거든요. 그런데 하나 쓰고 또 쓰고, 또 쓰다 보니까 팔이 너무 아팠어요. 클레이 세트를 빨리 사고 싶은데, 독서 기록장을 차근차근 제대로 쓰자니 오래 걸리고 힘들 것 같아서 꾀를 낸 거예요.

동화 『엄마의 희망 고문』 | 글 최형미 그림 이영림

읽기 쏙쏙 '오늘의 이야기'를 읽고 문어가 든 메달 안에 ○ 하세요.

눈으로 읽기

따라 읽기

혼자 읽기

내용 쏙쏙　읽은 내용을 떠올리며 문제를 해결해 봅시다.

1　나래가 엄마와 한 약속은 무엇인가요? 알맞은 것을 골라 ○ 해
보세요.

나래가

| 받아쓰기 연습지 |
| 독서 활동지 |
| 운동 기록장 |

열 개를 쓰면 엄마가

| 독서 기록장 |
| 학용품 세트 |
| 클레이 세트 |

을/를 사 주는 것

'엉터리'란 어떤 것을 제대
로 하지 않은 상태 또는 터
무니없는 말이나 행동을
의미해요!

2　나래 엄마가 나래와의 약속을 지킬 수 없다고 말한 까닭은
무엇인가요? (　　　)

　① 나래가 숙제를 엉터리로 대충 했기 때문에
　② 엄마가 회사 일로 바쁘기 때문에

3　나래가 엄마와 대화를 나눈 후 느낀 감정을 모두 골라 ○ 해
보세요.

| 자랑스럽다 | | 편안하다 | | 아쉽다 |

| 속상하다 | | 부럽다 |

동화로 키우는 문해력·어휘력 발달 프로젝트

89

낱말 쏙쏙 　낱말을 따라 쓰고 또박또박 읽어 봅시다.

양	심		없	다
양	심		없	다

엉	터	리
엉	터	리

도덕적으로 옳지 않은 말과 행동을 하는 사람에게 '양심 없다'라는 표현을 사용해요!

뜻을 생각하며 '양심 없다'를 넣어 짧은 문장을 지어 봅시다.

> 길가에 쓰레기를 버리다니!
> 저 사람은 양심이 없다.

생활 쏙쏙 다음 만화를 읽으며 '눈 하나 깜짝하지 않다'의 의미를 알아봅시다.

'눈 하나 깜짝하지 않다'란 얼굴빛이 하나도 변하지 않고 태도가 아무렇지도 않은 것을 뜻해요!

 눈 하나 깜짝하지 않은 문어에 ○ 해 봅시다.

동화로 키우는 문해력 어휘력 발달 프로젝트

오늘의 이야기

내 동생 까망이

#이해 #반성 #존중

"너, 정말 벌레랑 말할 수 있어?"

아이들이 충재의 얼굴을 빤히 쳐다봤다.

'아직 사슴벌레하고만 얘기할 수 있다고 아이들한테 사실대로 고백해야 하나?'

충재는 솔직하게 말할까 말까 망설이다가, 시치미를 뚝 떼기로 했다.

"좋아, 내가 동생이랑 얘기하는 걸 직접 보여 줄게. 내 동생은 사람들을 자주 봐서 별로 안 무서워하거든."

"네 동생은 여자잖아. 현아였던가, 그 귀여운 꼬마."

"귀엽긴! 현아 갠 내 동생이 아니야. 그냥 우리 집에서 같이 사는 애라고."

엄마는 늘상 충재더러 오빠답게 동생을 잘 챙겨야 한다고 강조했다. 하지만 그건 현아가 얼마나 귀찮은지 몰라서 하는 소리였다. 현아는 충재가 사랑하는 사슴벌레에 함부로 손을 대고, 아끼는 사육 상자를 망가뜨렸다. 만지지 말라고 하면 울고불고 떼를 썼다.

"내 동생은 왕사슴벌레 까망이밖에 없어."

동화 『우리 엄마는 모른다』 | 글 서지원 그림 정경아

읽기 쓱쓱

'오늘의 이야기'를 읽고 문어가 든 메달 안에 ○ 하세요.

눈으로 읽기

따라 읽기

혼자 읽기

내용 쏙쏙 읽은 내용을 떠올리며 문제를 해결해 봅시다.

1 충재가 할 수 있는 특별한 기술은 무엇인가요? (   )

① 돌멩이와 말할 수 있는 기술

② 곤충과 말할 수 있는 기술

2 충재가 자신의 동생이라 주장하는 '까망이'는 누구인가요? (   )

① 현아   ② 왕사슴벌레

마음에 들지 않아 아무것도 하고 싶지 않고 괴로운 상태를 '귀찮다'라고 표현해요!

3 현아가 충재에게 하는 행동을 모두 찾아 맞으면 ○, 틀리면 ×를 해 보세요.

1. 충재를 자주 귀찮게 함. ──────

2. 사슴벌레에 함부로 손을 댐. ──────

3. 사슴벌레 사육 상자를 깨끗하게 청소함. ──

낱말을 따라 쓰고 또박또박 읽어 봅시다.

'얘기'는 이야기의
줄임말이에요!

다음 일기에서 틀린 낱말에 ◯ 하고, 알맞은 낱말로 고쳐 써 봅시다.

◯월 ◯일 월요일   날씨 : 엄청 맑아서 애벌레들이 좋아함.

까망이는 내 동생이다. 동생이지만 정말 멋지다.

온몸에 윤기가 잘잘 흐르는 검은색 갑옷을 입고 있다.

그렇다. 까망이는 왕사슴벌레다.

까망이가 특별한 까닭은 말을 할 수 있기 때문이다. 농담이 아니다.

까망이가 나한테 더듬이를 움직이며 "밥!"이라고 애기했다.

한 번만 한 게 아니다. 두 번, 세 번 말했다.

내일부터 까망이한테 더 열심히 말을 가르쳐야겠다.

여러 가지 받침이 있는 낱말을 알아보고 따라 써 봅시다.

ㄴㅎ

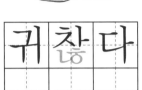

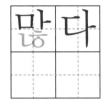

ㄴㅈ

ㄹㄱ

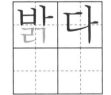

네 번째 복습 마당

몸풀기 마당

흉내 내는 말을 생각하여 써 봅시다.

예 울음소리를 흉내 내는 말

흑흑   으앙   엉엉   흐엉
___   ___   ___   ___

1 웃음소리를 흉내 내는 말

___   ___   ___   ___

2 동물 울음소리를 흉내 내는 말

___   ___   ___   ___

음원 재생 찰칵!

오늘의 받아쓰기

들려주는 낱말을 잘 듣고 빈칸에 써 봅시다.

①

②

③

④ ☐☐☐

⑤ ☐☐

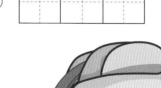

이야기의 한 장면을 살펴보고 까망이와 사슴벌레
친구들 총 일곱을 모두 찾아 ○ 해 봅시다.

내 동생은 까망이야!
도대체 까망이는
어디에 있는 거지?

동화로 키우는
문해력 어휘력 발달 프로젝트

정답

1일 차 　　　　　　　　　　 내 친구 괴롭히지 마!

내용 쏙쏙	1. ② 　 2. ① 　 3.
낱말 쏙쏙	(예시) 나는 태권도 심사를 보기 위해 용기를 냈다.
생활 쏙쏙	첫 번째 의미 : 겁내지 않는 씩씩한 마음 두 번째 의미 : 물건을 담는 그릇

내용 쏙쏙 도움말

1. (2~3번째 줄) 형은 돈을 손에 쥐고 팔을 올렸다 내렸다 하며 강우를 놀렸어요.

2. (7번째 줄) 용기는 은종이를 벗겨 껌을 입에 넣었어요.

3. (8~9번째 줄) 쌉쌀한 용기 맛도 나고요.

2일 차 　　　　　　　　　　 정의의 사나이

내용 쏙쏙	1. ① 　 2. ② 　 3. ②
낱말 쏙쏙	(예시) 우리 동네에는 맛있는 빵집이 있다.
생활 쏙쏙	(예시) 홍길동은 (정의롭다. / 정의롭지 못하다.) 왜냐하면 가난한 백성들을 위해 나눌 줄 아는 사람이기 때문이다. *타당한 이유가 있으면 '정의롭지 못하다'도 맞습니다.

내용 쏙쏙 도움말

1. (1번째 줄) "아빠! 텔레비전 소리 너무 시끄러워요!"

2. (8~9번째 줄) "그 사람 싸움 잘해요?" "최고지!"

3. (13~14번째 줄) "마치 이소룡처럼 멋진 사나이가 악의 무리를 해치우고는 바람같이 사라진대."

3일 차 　　　　　　　　　　 못생긴 눈, 코, 입

내용 쏙쏙	1. ③ 　 2. ② 　 3. ②
낱말 쏙쏙	(예시) 아빠가 잠꼬대하는 바람에 잠을 설쳤다.
생활 쏙쏙	바른 세수 방법으로 매일 세수하는 습관을 길러 봅시다.

내용 쏙쏙 도움말

1. (2~3번째 줄) 쌍꺼풀 없는 밋밋한 눈, 한껏 벌어진 콧방울, 얼굴에 비해 너무 작은 입, 눈 밑에 모래알처럼 흩어진 주근깨까지.

2. (5~6번째 줄) 나는 어깨를 축 늘어뜨린 채 잠옷 바람으로 식탁에 앉았다.

3. (9번째 줄) "어차피 못생긴 얼굴, 세수는 해서 뭐 해?"

4일 차 　　　　　　　　 도둑이 들어오면 어떡하지?

내용 쏙쏙	1. ② 　 2. ③ 　 3. 사람
낱말 쏙쏙	(예시) 우산이 없는데 비가 와서 걱정이다.
생활 쏙쏙	(예시) 줄넘기를 잘하지 못해서 걱정이다. 친구와 다투어서 걱정이다. 비가 너무 많이 와서 걱정이다. 아끼던 수첩을 잃어버려서 걱정이다.

내용 쏙쏙 도움말

1. (4번째 줄) "저도 이제 2학년이라고요."

2. (5~6번째 줄) 엄마를 도와서 식탁을 차렸어. 아기에게 우유도 주었지.

3. (10~11번째 줄) 창에 어른대는 나무 그림자가 꼭 사람처럼 보였지.

5일 차　　　　　　　　　안 아프게 주사 맞는 약

내용 쏙쏙	1. ②　　2. ②　　3.③
낱말 쏙쏙	(예시) 옷장 서랍 속에 옷들이 가지런히 놓여 있다.
생활 쏙쏙	(예시) 나에게 필요한 약 이름 – 호호 밴드 약의 효능 – 호호 밴드를 붙이면 금세 아픔이 사라진다.

내용 쏙쏙 도움말

1. (1~2번째 줄) "제가 치과에 가서 철 주사를 맞아야 하거든요."

2. (5~8번째 줄) 할머니는 서랍에서 손안에 쏙 들어오는 크기의 상자를 꺼냈어요. (생략) 그건 처음 보는, 옥수수 모양 초콜릿이었어요.

3. (13~14번째 줄) "이건 네가 먹을 게 아니라 다른 사람한테 먹여야 해. 그럼 그 사람이 너 대신 치과에서 주사를 맞을 테고."

첫 번째 복습 마당

(예시)
1. 책상 → 칠판 → 실내화 → 색연필
2. 냉장고 → 청소기 → 식탁 → 신발

① 쌉쌀하다
② 동네
③ 세수
④ 걱정
⑤ 까다롭다

(예시)

내가 가장 체험하고 싶은 놀이 기구는 [범퍼카] 이고,

그 이유는 [운전하는 것이 재미있기 때문] 이야

가장 체험하고 싶지 않은 놀이 기구는 [자이로 드롭] 이고,

그 이유는 [높은 곳을 무서워하기 때문] 이야

6일 차　　　　　　　　　딸랑딸랑 종이 울렸어

내용 쏙쏙	1. ①　　2. ③ 3. 머리카락의 색깔은 노랗게 칠하고, 옷이나 목걸이 신발 등은 자유롭게 칠해 보세요.
낱말 쏙쏙	(예시) 나에게는 작은 소원이 하나 있다.
생활 쏙쏙	(예시) 내가 바라는 소원 – 축구를 잘하는 것 내 친구 ○○이가 바라는 소원 – 가족과 여행을 가는 것

내용 쏙쏙 도움말

1. (5번째 줄) 가게 안은 벽에 그림 액자가 몇 개 걸려 있을 뿐 텅 비어 있었어.

2~3. (8~11번째 줄) 파프리카 모양의 노란 머리에 코는 길고 뾰족했지. 키가 크고 목이 가느다랬어. 목에는 길게 늘어뜨린 구슬 목걸이가 다섯 개도 넘어 보였어.

7일 차　　　　　　　　　나는 슈퍼히어로

내용 쏙쏙	1. ①　　2. ①　　3. 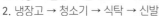
낱말 쏙쏙	(예시) 심판이 호루라기를 불자 경기가 시작되었다.
생활 쏙쏙	사람들을 → 사람드를 끝났어 → 끝나써 눈을 → 누늘 팁! 앞말에 받침이 있고, 뒷말이 'ㅇ'으로 시작하는 경우입니다. 앞말의 받침을 뒷말의 첫소리로 바꿔 읽습니다.

내용 쏙쏙 도움말

1. (3번째 줄) 나는 팔목에서 거미줄을 쏘아 악당이 가진 무기를 빼앗았다.

2. (7~8번째 줄) 내 몸은 강철보다 단단해서 총이든 미사일이든 다 튕겨져 나가니까.

3. 악당을 물리쳐 신이 난 사람들의 표정을 그려 보세요.

8일 차　　　　　　더 잘하는 것처럼 보이는 방법

내용 쏙쏙	1. ①　　2. ②　　3.③
낱말 쏙쏙	(예시) 엄마가 기뻐하니 나도 덩달아 기뻤다.
생활 쏙쏙	(예시) 줄넘기 실력, 매일 줄넘기 200개씩 하기

내용 쏙쏙 도움말

1. (3번째 줄) '조금씩 틀려도 순서를 외워서인지'라는 부분을 통해 긍정적인 의미라는 것을 짐작할 수 있어요.

2. (7~8번째 줄) 최한결은 처음보다는 나아졌지만 춤추는 모습이 어딘가 어색했어요.

3. (14~15번째 줄) "여러분 자신감이 중요해요. 뭐든지 자신 있게 하면 더 잘하는 것처럼 보인다니까."

동화로 키우는 문해력 어휘력 발달 프로젝트

9일 차 　　　　　　　　　사라진 옛날 배꼽

내용 쏙쏙	1. ③　　2. ① 3. 배꼽 
낱말 쏙쏙	(예시) 공기, 밥, 물 등
생활 쏙쏙	① 아침에 우산 챙긴다는 걸 (잃/⦿잊)어버렸네. ② 새로 산 지갑을 어제 (⦿잃/잊)어버려서 속상해. ③ 받아쓰기 연습을 열 번이나 했는데 　이걸 (잃/⦿잊)어버리다니!

내용 쏙쏙 도움말

1. (6~7번째 줄) "옛날 배꼽 있어야 합니다. 찾아오기 바랍니다."
"그깟 참외 배꼽으로 뭐 하게요."

2. (8번째 줄) "마켓 규칙입니다. 새 배꼽 갖고 싶으면 옛날 배꼽
찾아옵니다."

3. (9~15번째 줄) 아저씨는 표정 하나 바꾸지 않고 차갑게 말했다.
(중략) "어떻게 살아요! 배꼽 없이!"

10일 차 　　　　　　　　　30번 채워야 돼

내용 쏙쏙	1. ②　　2. ○, ○, ✕　　3. 8(월) 16(일)
낱말 쏙쏙	(예시) 나는 방학에 기어이 책 10권을 읽을 거야.
생활 쏙쏙	1) '안간힘'을 쓸 때 : 힘들다 2) '기어이' 30번을 채웠을 때 : 뿌듯하다

내용 쏙쏙 도움말

1. (1~2번째 줄) 하민이가 거실에서 윗몸 일으키기를 하고 있어요.

2. (11~12번째 줄) 운동 달력은 이번 여름 방학 때 전교생에게 내 준
숙제예요.
(13~14번째 줄) 사실 어떤 운동을 얼마만큼 하라고 정해 주지는
않았어요.

3. (1번째 줄) 개학을 하루 앞둔 오후

두 번째 복습 마당

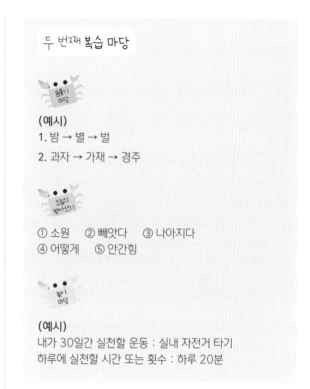

(예시)
1. 밤 → 별 → 벌
2. 과자 → 가재 → 경주

① 소원　　② 빼앗다　　③ 나아지다
④ 어떻게　　⑤ 안간힘

(예시)
내가 30일간 실천할 운동 : 실내 자전거 타기
하루에 실천할 시간 또는 횟수 : 하루 20분

11일 차 　　　　　　　　　용기 충전소

내용 쏙쏙	1. ①　　2. ①　　3. 생략
낱말 쏙쏙	(예시) 용기 충전소에서 용기를 충전하면 말을 　　　　못 하게 되는 부작용이 생길 것 같아요.
생활 쏙쏙	● 나는 믿기지 않아서 그냥 돌아서려 했어요 ⌗ . ● ⌈ ' ⌉ 용기를 충전할 수 있다고 ⌈ ? ⌉ 말도 안 돼 ⌈ ! ⌉ ⌈ ' ⌉ ● 낭랑한 누나 목소리가 흘러나오지 뭐예요. 　⌈ " ⌉ 충전할 용기를 선택하세요. ⌈ " ⌉

내용 쏙쏙 도움말

1. (3번째 줄) 공짜로 용기를 드립니다. 당장 충전하세요!

2. (7~8번째 줄) '혹시 모르잖아? 그리고 만약 진짜로 용기를 충전할
수 있다면, 오늘 말하기 대회는 문제없겠는걸!'

3. 내가 충전하고 싶은 용기에 ✔ 표시를 해 보세요.

12일 차　　　　　　　　　똥배는 용감했다

내용 쏙쏙	1. ①　　2. ②　　3. 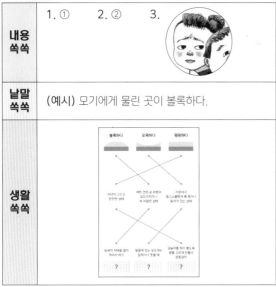
낱말 쏙쏙	(예시) 모기에게 물린 곳이 볼록하다.
생활 쏙쏙	

내용 쏙쏙 도움말

1. (3번째 줄) 이마가 얼얼했다.

2. (8번째 줄) "놀이터에서 셀카 찍는 숙제도 있나?"

3. 겁을 먹어 울먹이는 듯한 주인공의 표정을 그려 보세요.

13일 차　　　　　　　　　가져갈까? 말까?

내용 쏙쏙	1. ②　　2. ②　　3. 생략
낱말 쏙쏙	(예시) 동생이 먼저 놀렸는데 엄마가 나만 혼내서 너무 억울하다.
생활 쏙쏙	● (빗) 으로 머리를 빗었다. ● 어둠 속에서 별이 (빛)나다. ● 커튼을 치니 햇(빛)이 방으로 들어왔다. ● 나는 항상 아침에 머리(빗)을 사용한다.

내용 쏙쏙 도움말

1. (1번째 줄) 수업이 끝나자마자 빛의 속도로 집으로 달려갔다.

2. (3번째 줄) 나는 오도도 책상 서랍을 열어 오백 원을 꺼내려다 멈칫했다.

3. 내가 주인공이라면 어떤 행동을 했을지 내 생각과 가까운 쪽에
　○ 해 보세요.

14일 차　　　　　　　　　줄넘기 대회

내용 쏙쏙	1. ①　　2. ①　　3. 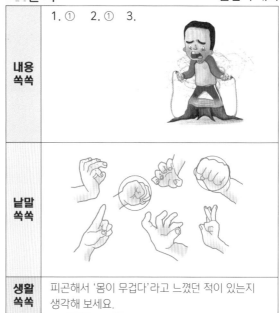
낱말 쏙쏙	
생활 쏙쏙	피곤해서 '몸이 무겁다'라고 느꼈던 적이 있는지 생각해 보세요.

내용 쏙쏙 도움말

1. (1번째 줄) 호루라기 소리와 함께 줄넘기 대회가 시작되었어요.

2. (14~15번째 줄) 일곱 개째를 뛰었을 때 갑자기 왼쪽 다리에 힘이
　풀리면서 줄이 발에 걸렸어요.

3. 속상하고 당황스러운 훈이의 표정을 그려 보세요.

15일 차　　　　　　　　　뭐야, 꿈이었잖아?

내용 쏙쏙	1. ②　　2. ②　　3. 생략
낱말 쏙쏙	(예시) 우리 모처럼 야구장에 갈까?
생활 쏙쏙	숨이 턱 막힐 것 같은 다른 상황에 대해서도 생각해 보세요.

내용 쏙쏙 도움말

1. (2~4번째 줄) 내 뾰족한 송곳니를 보여 주자 '덩치' 상철이가 철퍼덕
　주저앉았다. (중략) 가만히 보니 바지가 축축하게 젖어 있었다.

2. (12~13번째 줄) 숨이 턱 막힐 것 같아 눈을 번쩍 떴다. 온몸에
　이불이 칭칭 감겨 있었다.

3. 박쥐가 주인공 머리 위로 요란하게 날아오르는 모습을 상상하며
　자유롭게 그림을 그려 보세요.

세 번째 **복습 마당**

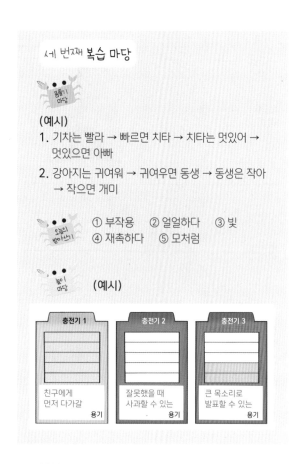

몸풀기 마당

(예시)

1. 기차는 빨라 → 빠르면 치타 → 치타는 멋있어 → 멋있으면 아빠

2. 강아지는 귀여워 → 귀여우면 동생 → 동생은 작아 → 작으면 개미

오늘의 받아쓰기

① 부작용   ② 얼얼하다   ③ 빛
④ 재촉하다   ⑤ 모처럼

놀이 마당

(예시)

충전기 1	충전기 2	충전기 3
친구에게 먼저 다가갈 용기	잘못했을 때 사과할 수 있는 용기	큰 목소리로 발표할 수 있는 용기

16일 차 　　　　　　　이제 그만 갈까?

내용 쏙쏙	1. ①　　2. ③　　3. 3번에 ○
낱말 쏙쏙	(예시) 마술은 일종의 속임수다.
생활 쏙쏙	① 나는 세뱃돈으로 (2만 원/2만원)을 받았어. ② 연필의 가격은 (팔백 원/팔백원)이야. ③ 벌금으로 (오백만 원/오백만원)이 확정되었어.

내용 쏙쏙 도움말

1. (1번째 줄) "엄마, 나 이제 소룡 반점 그만 갈까?"

2. (8번째 줄) 엄마 몰래 화분에서 잎을 몇 개나 땄다.
   (10번째 줄) 오백 원짜리 동전 뒤집기도 몇 번을 했는지 모른다.
   (12~15번째 줄) 엄마에게 아파서 못 간다고 전화해 달라고 할까?
   (중략) "최강의 파이터는 속임수를 쓰지 않아!"

3. (4~6번째 줄) "그런 거 아니라고. 엄마는 알지도 못하면서!"
   아침마다 약수터에서 "야호!"를 외치며 가다듬은 목청을 이런
   상황에서 써먹게 될 줄이야.

17일 차 　　　　　　　다시 못생긴 얼굴로

내용 쏙쏙	1. ②　　2. ②　　3. ②
낱말 쏙쏙	(예시) 세상에 비밀은 없어.
생활 쏙쏙	비밀을 지키지 않으면 어떤 일이 벌어질 수 있을지 곰곰이 생각해 보세요.

내용 쏙쏙 도움말

1. (2~3번째 줄) 마법의 머리띠가 벗겨지자 나는 다시 못생긴 이수민이 되었다.

2. (6~7번째 줄) 머리띠가 벗겨지면서 흐트러진 머리카락이 이마에 달라붙었다.

3. (12~13번째 줄) "맛있는 음식을 만드는 요리사가 되는 거지."

18일 차 　　　　　　　말할 수 있는 용기

내용 쏙쏙	1. (한결이) (초이) 2.  ○　□　□ 3. ①
낱말 쏙쏙	(예시) 새가 하늘 위를 맴돌았다.
생활 쏙쏙	누군가에게 전하지 못해 아쉬웠던 말을 떠올려 보세요.

내용 쏙쏙 도움말

1. (1~2번째 줄) 한결이가 바닥에 곤두박질치려는 순간 형준이는 너무 무서워 눈을 질끈 감았어요.
   (2~3번째 줄) 초이가 한결이를 한 손으로 들고 있었거든요.

2. (2~4번째 줄) 초이가 한결이를 한 손으로 들고 있었거든요.
   그것도 자전거를 타고 하늘을 날면서 말이에요.

3. (10~11번째 줄) "그나저나 다행이야. 내가 바로 어제 『초능력 사용법 7권: 중력 무시하기』를 마스터했거든. 아니었으면 한결이 너를 구하지 못했을 거야."

19일 차　　　　　　엄마는 되고 왜 나는 안 돼?

내용 쏙쏙	1. (독서 활동지), (클레이 세트)　　2. ① 3. (아쉽다), (속상하다)
낱말 쏙쏙	(예시) 친구의 물건을 빼앗다니! 양심 없네.
생활 쏙쏙	 　□　　　　　　　○

내용 쏙쏙 도움말

1. (12~13번째 줄) 독서 활동지 열 개 쓰면 엄마가 클레이 세트를
   사 주기로 약속했거든요.

2. (4~5번째 줄) "대충 개수만 채워 놓고 엄마한테 약속을 지키라고 하면
   너무 양심 없는 거 아니니?"
   (9번째 줄) "제대로 열 개를 써야 사 준다고 약속한 거지. 엉터리로
   한 건 무효야."

3. (10~11번째 줄) 엄마한테 통할 리 없겠지만 아쉽고 속상한 마음에
   나래는 독서 기록장에 활동지 열 개 쓴 걸 강조했어요.

20일 차　　　　　　　　　　내 동생 까망이

내용 쏙쏙	1. ②　　2. ②　　3. ① ○, ② ○, ③ ×
낱말 쏙쏙	○월 ○일 월요일　날씨 : 엄청 맑아서 애벌레들이 좋아함. 까망이는 내 동생이다. 동생이지만 정말 멋지다. 온몸에 윤기가 잘잘 흐르는 검은색 갑옷을 입고 있다. 그렇다. 까망이는 왕사슴벌레다. 까망이가 특별한 까닭은 말을 할 수 있기 때문이다. 농담이 아니다. 까망이가 나한테 더듬이를 움직이며 "밥"이라고 얘기했다. ← 얘기 한 번만 한 게 아니다. 두 번, 세 번 말했다. 내일부터 까망이한테 더 멋있는 말을 가르쳐야겠다.
생활 쏙쏙	받침에 주의를 기울이면서 낱말을 따라 써 보세요.

내용 쏙쏙 도움말

1. (3~4번째 줄) '아직 사슴벌레하고만 얘기할 수 있다고 아이들한테
   사실대로 고백해야 하나?'

2. (14번째 줄) "내 동생은 왕사슴벌레 까망이밖에 없어."

3. (11~12번째 줄) 그건 현아가 얼마나 귀찮은지 몰라서 하는 소리였다.
   현아는 충재가 사랑하는 사슴벌레에 함부로 손을 대고, 아끼는
   사육 상자를 망가뜨렸다.

네 번째 복습 마당

(예시)

1. 깔깔 → 하하 → 키득키득 → 푸하하

2. 꼬끼오(닭) → 개굴개굴(개구리) → 야옹(고양이) →
   꿀꿀(돼지)

① 가다듬다　② 비밀　③ 맴돌다　④ 엉터리　⑤ 얘기

⟨오늘의 이야기⟩ 수록 도서

일 차	오늘의 이야기	수록 도서명	지은이
1	내 친구 괴롭히지 마!	부풀어 용기 껌	글_정희용 그림_김미연
2	정의의 사나이	소룡 반점 특별 수련	글_예영희 그림_신민재
3	못생긴 눈, 코, 입	우리는 바이킹을 탄다	글_홍민정 그림_심윤정
4	도둑이 들어오면 어떡하지?	김마녀 가게	글_박현경 그림_김주경
5	안 아프게 주사 맞는 약	나 대신 아파해 줄 사람	글_이수용 그림_심윤정
6	딸랑딸랑 종이 울렸어	김마녀 가게	글_박현경 그림_김주경
7	나는 슈퍼히어로	우리 반에 슈퍼히어로가 있다	글_고수산나 그림_유준재
8	더 잘하는 것처럼 보이는 방법	암행어사의 비밀 수첩	글_임민영 그림_박영
9	사라진 옛날 배꼽	배꼽 전설	글_김명선 그림_안병현
10	30번 채워야 돼	녹색아버지가 떴다	글_홍민정 그림_김미연
11	용기 충전소	용기 충전소	글_선시야 그림_정용환
12	똥배는 용감했다	우정 계약서	글_원유순 그림_주미
13	가져갈까? 말까?	잘 싸우는 기술	글_박현숙 그림_조히
14	줄넘기 대회	지고는 못 살아!	글_홍민정 그림_정경아
15	뭐야, 꿈이었잖아?	비밀 레스토랑 브란	글_박선화 그림_안병현
16	이제 그만 갈까?	소룡 반점 특별 수련	글_예영희 그림_신민재
17	다시 못생긴 얼굴로	우리는 바이킹을 탄다	글_홍민정 그림_심윤정
18	말할 수 있는 용기	초능력 사용법	글_김경미 그림_김준영
19	엄마는 되고 왜 나는 안 돼?	엄마의 희망 고문	글_최형미 그림_이영림
20	내 동생 까망이	우리 엄마는 모른다	글_서지원 그림_정경아

초등문해력교사연구회 집필진

김용세 | 초등학교에서 아이들과 다양한 프로젝트 학습을 하며 행복한 교실을 만들어 가고 있습니다. 한국교원대학교 초등국어교육 대학원을 수료하였고, 초등문해력교사연구회 및 교사동화창작회를 운영하고 있습니다. 전국학생 통계활용대회 삼사위원 및 대구시교육청 문예창작 영재원 지도 강사, 세종시 영재원 지도 강사를 다년간 역임하였습니다.
『괜찮은 학교 사용 설명서』로 제25회 MBC 창작동화 대상 웹 동화 부문에 당선되었고, 지은 책으로는 『신기한 맛 도깨비 식당』 시리즈, 『어린이 수사대 넘버스』 시리즈, 『경태의 병아리』, 『12개의 황금열쇠』, 『수학빵』, 『갈릴레오 아저씨네 비밀 천문대』, 『브레인 서바이벌 미로 탈출』, 『교실에서 빛나는 나』, 『수학 소년, 보물을 찾아라!』 등이 있습니다.

구이지 | 초등 교사로서 즐겁게 소통하는 수업을 통해 아이들이 성장할 때 큰 기쁨을 느낍니다. 초등학교에서 어린이들과 생활하며 문해력과 어휘력이 모든 학습의 기초가 됨을 깨달아 재미있는 말놀이에 대해 연구하고 온책읽기 자료를 지속적으로 개발하였습니다.
초등문해력교사연구회, 세종동화창작교육연구회, 세종초등AI연구회에 참여 중이며 세계시민 시도 및 중앙 선도 교사, 세종시 영재원 지도 강사, 세종시 교육청 교실 수업 자료집 편찬 위원으로 활동하였습니다.
아이들이 글을 읽고 세상과 소통하는 데 도움이 되길 바라며 문해력, 어휘력 향상을 위한 교재를 만들었습니다.

정혜인 | 초등학교에서 다양한 프로젝트 수업을 하며 아이들을 가르치고 있습니다. 다년간 저학년 담임을 맡아 아이들과 생활하며 문해력과 어휘력이 모든 학습의 기초가 됨을 깨닫고 '독서 교육'과 '소리 내어 글 읽기'를 꾸준히 지도하는 중입니다.
초등문해력교사연구회, 세종동화창작교육연구회, 세계시민 시도 및 중앙 선도 교사, 영재원 지도 강사, 세종시 교육청 교실 수업 자료집 편찬 위원으로 활동하였습니다.
지금은 어린이를 위한 책을 직접 쓰고 있으며, 지은 책으로는 『춘기닷컴』이 있습니다.
아이들이 흥미를 가지고 자기 주도적으로 학습하길 바라며 문해력, 어휘력 향상을 위한 교재를 만들었습니다.